pwc

PwCあらた有限責任監査法人 編

クラウド・リスク・マネジメント
新 版

CLOUD RISK MANAGEMENT

同文舘出版

はしがき

　『クラウド・リスク・マネジメント』の初版が出てから5年が経ちました。この5年の間にクラウドは著しい普及を遂げています。クラウド自体の利便性が認識されて普及が進んだというだけでなく、デジタル・トランスフォーメーション（DX）という言葉が生まれ、そのプラットフォームとしても利用されるようになりました。その結果として、今や企業はクラウドを使うべきか否かではなく、クラウドをどう利用するかというステージに入っています。代表的な例が日本政府のクラウド・バイ・デフォルトという考え方で、これは新規に調達するシステムは基本的にクラウドをベースにする、というものです。

　このようにクラウドの普及は目覚ましいものがありますが、だからといって、その導入や利用におけるリスクがなくなったわけではありません。初期導入コストが低いために安易に使い始めた結果として、セキュリティ上の問題が発生したりトラブルで使えなくなったりという事例は、多数みられます。コストそのものも、クラウドを導入したにもかかわらずオンプレミスで開発した場合よりも高くなったケースもあります。それは必ずしもクラウドが問題だからなのではなく、多くの場合は利用する企業側のリスク管理に問題があることから起こっているといえるでしょう。本書ではまさしく、クラウド導入にあたってそうした問題が発生するのを防ぐために企業側が何をすべきかについて記述しています。

　本書は、PwCにおけるITガバナンスやセキュリティリスクマネジメントのノウハウを大いに利用しています。しかし記述のメインとなっているのは、私たちの経験です。私たちは幸いにして、国内外の主要なクラウドサービスプロバイダーと仕事をしています。それらの企業（組織）に対する監査やセキュリティの評価を行っており、またそうしたプロバイダーを利用している企業に対する助言も行っています。その中で得られた知見が本書に反映されているのです。

　本書の記載にあたっては、幅広い読者層を意識しています。具体的な技術面の記載もあるので、クラウドのリスク管理を行っている担当者にも十分満足いただけると思います。しかしそれ以上に、IT部門の管理者やCIOといっ

た企業のテクノロジー関連のリスク全体に責務をもつ方に役立てるよう，クラウドのリスク管理全般について説明をしています。また，新しく DX やテクノロジー戦略を考えている方々にとっても有用な情報を記載しています。全体として気をつけているのは，技術面において正確かつ具体的に記述しながらも，そうした技術知識のない方々にとっても難しくなり過ぎないように，分かりやすい記述にするという点です。

　本書の特徴は，クラウドを利用する企業が理解すべきリスクについて，網羅的に記述していることです。クラウドのリスクは一般的な外部委託の場合と重複する部分もありますが，それを含めて網羅的に記載し，かつクラウド特有のリスクに関してはより詳細な記述をしています。また，その管理やコントロール方法に関しても，具体的かつ分かりやすく説明をしています。加えて，通常まとめられることが少ないクラウドサービスプロバイダーに関係する認証や外部監査のスキームについても詳述しています。そして本改訂版における新しい試みとして，経営層の方々に向けてクラウド関連のリスクを分かりやすくまとめてみました。

　現在，クラウドサービスは急速に普及し，DX の進展を助けている状況がみられます。そうした中において，逆に企業の側に対して，どう DX を使っていくかが問われています。その際，DX の利便性にばかりとらわれていると，企業側は足をすくわれる可能性があります。DX は企業におけるテクノロジーの利用において革命的な進展をもたらすがゆえに，企業はテクノロジーを使いこなす力を従来以上に求められるからです。この本で述べるリスク管理はその代表ですが，それ以外にも個々のテクノロジーの特徴を見極めて適所に使っていく能力や，自社のプロセスをテクノロジーに合わせて改革していく能力などが必要になってきます。皆さまには，ぜひそうした能力を身につけた上で，DX やクラウドを大いに利活用し，企業の発展に役立てていただくことを期待しています。

システム・プロセス・アシュアランス部 部長 パートナー

最高情報責任者（CIO）

岸　泰弘

目　次

第1章

クラウドコンピューティングの動向

第2章

クラウド関連の事故事例

第3章

クラウドサービス利用におけるリスク

第4章

クラウドサービス利用時のコントロール

第5章

クラウドサービス事業者のリスク対策・情報公開について（評価・監査・認証制度）

第6章
クラウドサービス利用事例紹介

第7章

経営層が理解すべきリスク

クラウド・リスク・マネジメント（新版）

第1章

クラウドコンピューティングの動向

1. はじめに

　近年，クラウドコンピューティングは社会に必要不可欠なものとなってきています。かつての黎明期と比べ，どのように社会的信頼を得て社会に浸透してきているか，そして，クラウドのメリットを享受するにあたり，考慮すべき事項はどういったものであるか，本書のテーマである「クラウド・リスク・マネジメント」を考えていきましょう。

　本章ではまず，クラウドを取り巻く環境として，必要不可欠になった背景や，日本政府および民間企業における動向，そしてクラウドにおけるリスクマネジメントの考え方などを解説します。

2. DX において必要不可欠なクラウド

　経営環境の変化に対応するために，現在多くの企業がビジネスモデルの変革を迫られています。ビジネスモデルの変革においては，顧客ニーズのタイムリーな反映が重要です。新たなサービスをリリースした後も，顧客の反応・フィードバックをもとにサービスを改良したり，なかなかスケールしなければピボット（方向転換）して新たなサービスを開発したりするなど，企業は，これらの取り組みを迅速かつ継続的に繰り返す必要があるのです。

　この変革の実現には，戦略，組織，人材，プロセス，インフラなど，あらゆる面の再構築が必要となります。中でもインフラは変革を支える基盤として特に重要な領域です。また，インフラ領域の中でもシステム基盤は，デジタル化が前提となりつつある今日において，ビジネスのスケールアップを行う上で最も重要な変革のドライバーであり，その整備や活用が不十分であると，変革が失敗に終わることになるでしょう。

　では変革を実現していくために必要なシステム基盤とは何でしょうか。例として，顧客の潜在ニーズやペインをつかみ新たにサービスを開発する場合

を考えてみましょう。

　従来のサービス開発では，市場調査やサービスの具体的内容の検討，採算や投資対効果の検討などを行い，企画書を作成します。システム開発は，企画書が承認された後，着手することになりますが，開発に先立ち綿密な要件定義が必要であり，要件定義に基づきサーバーの調達を行うといった長い工程が必要でした。現状のオンプレミスをベースとしたシステム開発では，サービス機能の拡張や利用などにより大幅なシステム変更が発生すると，サーバーの追加調達などによるコストの肥大化やリリースの延期による投資回収期間の長期化など，大きなビジネスインパクトを被るおそれがありました。また，AI や IoT など，近年の新技術を活用する際には，技術検証，実装，テストに相当な時間を要していました。さらには，長い期間をかけて開発した結果，新サービスのリリースタイミングで，既に競合サービスがマーケットを席巻している，あるいは自社サービスが他社に劣っているという事態に陥ることもありました。

　このような事態を避けるべく，サービス開発の早期化，柔軟化の観点から，システム基盤としてクラウドが拡大しています。

3. 既存システムにも必要不可欠なクラウド

　クラウドはビジネスモデル変革の場面での利用にとどまりません。「リフト＆シフト」という言葉が浸透しつつあるように，既存システムをクラウドへ移行するケースも多く出てきています。

　IaaS，PaaS，SaaS 等，どのような形態のクラウドを導入するかにもよりますが，例えば IaaS ならばデータセンターや物理的なサーバー機器の管理等はクラウドベンダーが行うため，これまでその部分にかかっていたユーザー企業の管理負荷を低減できます。

　やや専門的な話となりますが，システムを複数のアベイラビリティゾー

ン[1]に配置することで，バックアップセンターを用意することなく，効率的かつ効果的に可用性を高めることも可能となります。

　その他，クラウドに移行して，その後さまざまなクラウドの機能・テクノロジーを活用することにより，システムや開発・運用をモダンなものにしていくことも可能となります。

　このように，既存システムのクラウドへの移行も当然のものになりつつあります。

4. クラウドをめぐる日本政府の動向

　このようにDXや既存システムに必要不可欠となったクラウドですが，この動きは民間企業だけでなく政府にもみることができます。

　DXの推進により，世の中ではクラウドの利用を前提としたサービスモデルが増えています。諸外国のクラウドサービス利用の方針をみると，早くには2010年に英国政府がクラウドを優先的に利用する方針を発表していましたが，日本政府でも基本方針として「クラウド・バイ・デフォルト原則」が2018年に発表され，その後，2020年秋には「デジタル庁」の創設が発表されました（図表1-1）。

1）複数データセンターを 1つにまとめた管理単位。一般的に管理単位は大きい方からリージョン，アベイラビリティゾーン，セル，個別のデータセンターと区分され，複数の小項目で 1つ上の管理単位が構成される。なお，異なるアベイラビリティゾーンでは，障害の影響を受けないシステム構成や地理的な距離が確保されている。

図表 1-1　諸外国のクラウドサービス利用の方針

国	クラウド利用の方針	政府クラウド安全評価制度	主な関連機関
米国	2010 年 「25 POINT IMPLEMENTATION PLAN TO REFORM FEDERAL INFORMATION TECHNOLOGY MANAGEMENT」 →クラウドファースト（cloud first）	2011 年〜 Federal Risk and Authorization Management Program	General Services Administration （※独立政府機関）
英国	2011 年 「Government Cloud Strategy」 →クラウドファースト（a public cloud solution first policy）	2013 年〜 G-Cloud framework	Government Digital Services （※内閣府管轄）
オーストラリア	2014 年 「Australian Government Cloud Computing Policy」 →クラウドファースト（cloud first）	2014 年〜 Information Security Registered Assessors Program	Australian Signals Directorate （※防衛大臣管轄）
シンガポール	2011 年 「e-Government masterplan 2011-2015」 →政府プライベートラウドの構築，移行（G-Cloud）	2013 年〜 Multi-Tier Cloud Security（MTCS: SS584）	Infocomm Media Development Authority （※情報通信省管轄）

出所：総務省・経済産業省「クラウドサービスの安全性評価に関する検討会について」より

　「クラウド・バイ・デフォルト原則」発表から遡ること数年，本書の初版を発刊した際は，クラウドの利用に際して安全性面への不安から様子見をしていた企業が多くみられましたが，今日，こうした不安は解消されつつあります。

　例えば，2020 年公表の総務省による通信利用動向調査によれば，"クラウドサービスを利用しない理由"の中で「情報漏洩などセキュリティに不安がある」「メリットが分からない，判断できない」「クラウドの導入に伴う既存システムの改修コストが大きい」が過去の調査時と比べてポイントを下げており，企業がクラウド利用に抱くネガティブなイメージが払拭されつつある状況が見て取れます（図表 1-2）。

図表 1-2　クラウドサービスを利用しない理由

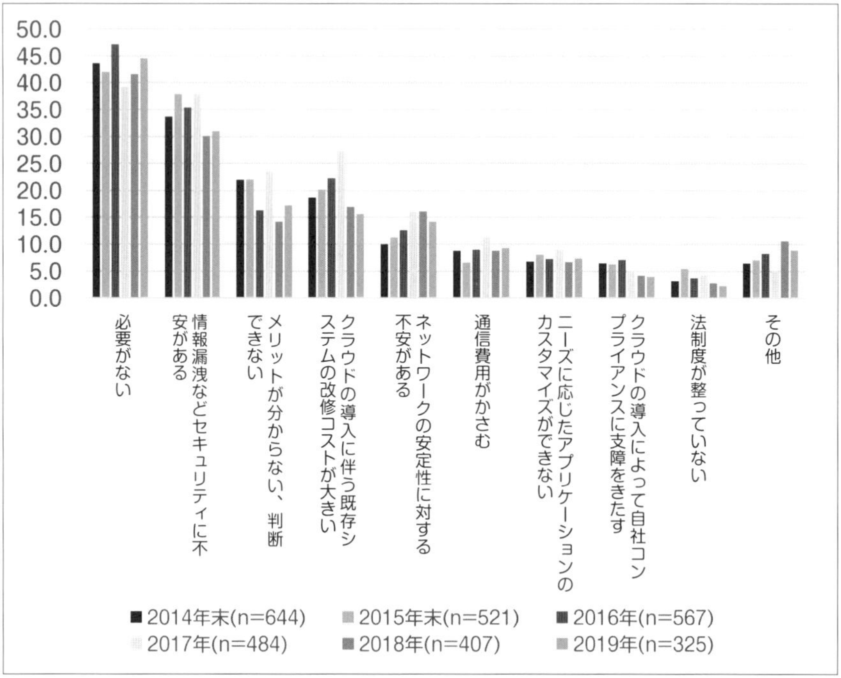
50.0
45.0
40.0
35.0
30.0
25.0
20.0
15.0
10.0
5.0
0.0
必要がない
情報漏洩などセキュリティに不安がある
メリットが分からない、判断できない
クラウドの導入に伴う既存システムの改修コストが大きい
ネットワークの安定性に対する不安がある
通信費用がかさむ
ニーズに応じたアプリケーションのカスタマイズができない
クラウドの導入によって自社コンプライアンスに支障をきたす
法制度が整っていない
その他
2014年末(n=644)
2015年末(n=521)
2016年(n=567)
2017年(n=484)
2018年(n=407)
2019年(n=325)

出所：総務省「通信利用動向調査」より

また，2016 年の本書の初版発刊時と現在でのクラウドサービスの利用状況の変化に焦点を当ててみると，同調査における“クラウドサービスの利用状況”において，「全社的に利用している」「一部の事業所又は部門で利用している」割合が増加しています（図表 1-3）。特に「全社的に利用している」は約 15% も増えており，これまで安全性面の不安，メリットが見出せないなどの理由から限定されていた導入範囲が，基幹システム等の重要なシステムにまで広がってきているものと考えられます。

図表 1-3　クラウドサービスの利用状況

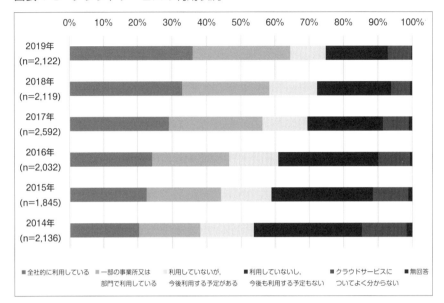

出所：総務省「通信利用動向調査」より

　このように，民間企業においてクラウドに対する漠然とした不安が解消されつつあり，利用が増加してきていることから，政府においてもクラウドの利用検討がなされるようになりました。加えて政府がここにきてより積極的なクラウド利用を推し進める理由として，「デジタル庁」が推進していく「デジタル・ガバメント実行計画」の存在があります。「デジタル・ガバメント実行計画」では，「誰一人取り残さない，人に優しいデジタル化」を掲げ，以下のデジタル３原則を基本原則としてオンライン化を推進していくとされています。

①デジタルファースト：個々の手続・サービスが一貫してデジタルで完結する
②ワンスオンリー：一度提出した情報は，二度提出することを不要とする

③コネクテッド・ワンストップ：民間サービスを含め，複数の手続・サービスをワンストップで実現する

　これらの3原則を実現できるデジタルインフラとしてクラウドが挙げられていますが，クラウドを利用する目的は，単なるデジタル化ではなく，サービスと融合させることでそのメリットを最大限に享受することにあります。政府は「デジタル・ガバメント推進方針」の中で「すぐ使えて」，「簡単」で，「便利」な行政サービスの提供という方針により，デジタル・ガバメント実現のための基盤の整備を進めています。

　さらに，2020年12月25日に改定（閣議決定）された「【2020年改定版】デジタル・ガバメント実行計画の概要」によるとデジタル・ガバメント実現のための基盤整備の指針として以下を掲げており，政府としてクラウドサービス利用にあたっての課題（調達・選定・セキュリティ・推進）に積極的に取り組んでいることが伺えます。

◆政府全体で共通利用するシステム，基盤，機能等（デジタルインフラ）の整備
◆クラウドサービスの利用の検討の徹底，セキュリティ評価制度（ISMAP）の推進
◆情報セキュリティ対策の徹底・個人情報の保護，業務継続性の確保
◆新たなデータ戦略に基づき，ベースレジストリ（法人，土地等に関する基本データ）の整備，プラットフォームとしての行政の構築，行政保有データのオープン化の強化等を推進

　このように，民間企業のクラウドに対する認識の変化，日本政府による利用の推進，そして前述のとおりクラウドがDXや既存システムにとって必要不可欠なものになりつつある状況などにより，クラウドは今後さらに導入が

進んでいくものと考えられます。

5. クラウドのリスクを考慮する

　このように，民間企業だけでなく政府においてもクラウドは必要不可欠なものになってきてきました。今後さらにクラウドは普及し，多くの組織が前述のメリットを享受していくものと考えられます。

　しかしながら，クラウドサービスの利用にあたっては，メリットだけでなくデメリット，つまりリスクとなる部分についても考えなければなりません。

　クラウドはシステムやサーバーの1形態でもあるため，障害や漏洩といったオンプレミスと同様のリスクもあります。それに加えクラウド特有のリスクもあります。例えば，利用しているサービスのデータが海外に保管されていれば，その国のデータ保護規制に従うこととなり，突如データが差し押さえられるようなリスクもあります。クラウド上のサーバーを冗長化していても，それが単一のアベイラビリティゾーンで稼働していれば，そのアベイラビリティゾーンレベルで障害が発生するとサーバーは利用できなくなります。これまでのオンプレミスと同じリスク対応では，クラウド特有のリスクによって大きな損害が生じ得る一方で，リスクを重視し過ぎると対策が過剰となりクラウドサービス利用のメリットを享受できなくなる可能性があります。

　そこで，クラウドサービス利用のメリットを享受し，かつ利用にあたってのリスクをコントロールする，クラウド・リスク・マネジメントという考え方が，クラウドサービス利用において重要になってきます。

6. おわりに

　本章では，クラウドが必要不可欠になった背景やその動向について概説しました。クラウドサービス利用に際してのリスクマネジメントの必要性につ

いても述べたとおり，クラウドにおける利点を無批判に受け入れるのではな
く，リスクもあることをよく理解しておく必要があります。

　これらリスクの詳細について，第2章，第3章で解説していきます。

第2章

クラウド関連の事故事例

1. はじめに

　前章では，クラウドコンピューティングの動向について説明しました。本章では，クラウドサービスにおいてリスクマネジメントを怠った場合，どのような事態が起こり得るか，いくつかのリスク事例を紹介します。

2. サービスの導入時・導入後におけるリスク事例

［リスク事例 A］短納期でのシステム構築が可能という誤解

　A 社は，2019 年 4 月から施行される働き方改革関連法への対応の一環として，過残業など労務コンプライアンスのモニタリングプロセスをシステム化することとした。

　しかし，既存の勤怠管理システムへの追加開発とするのか，別システムとして構築をするのか方針の検討に時間を要し，働き方改革関連法の制度施行3 ヵ月前となってしまった。システムオーナー部門である人事部の担当者は焦り，「2019 年 4 月から何としても新システムをカットオーバーさせたい」と情報システム部担当者に相談したところ，「クラウドなら早くかつ容易に開発できるかもしれない。オンプレミスよりは導入に課題は少ないはずだ」との見解を得た。人事部担当者はクラウドについての知識がなく，なぜ開発が短期化できるのか理解しきれずにいたが，制度施行まで時間がないこともあり，クラウドで開発を進めるように依頼した。

　開発を開始し，ほどなくして問題が発生した。情報システム部にはクラウドサービスの知見や導入経験がなかったことから，プロジェクトをリードできず，要件定義が難航する事態に陥った。IT ベンダーへの業務指示さえ行えない情報システム部に業を煮やした人事部担当者は，IT ベンダーとのやり取りにも積極的に関与し始めるも，多様なサービスや機能について基礎知識がなく，キャッチアップが必要であった。人事担当者は，通常業務の合

間でクラウドについて調査を進めたが，詳細な技術仕様の提示を求め続けるITベンダーと話がかみ合わず，開発は前に進まない状態となった。

　結局，制度対応した勤怠管理システムのカットオーバーは2019年4月には間に合わなかった。人事部担当者が手作業でデータ集計・モニタリングを行い，メールを用いた勤怠アラートの配信を手動で続けることになった。月末近くになるとより綿密かつ適時の集計が必要になるため，管理負荷は高く，皮肉にも労務コンプライアンスのモニタリング担当者自身が過残業になるといった事態となった。

［リスク事例B］コスト削減を実現できるという誤解

　B社は，工場ごとに類似システムが多数稼働しており，保守，運用にかかるコストの高さに頭を抱えていた。CIOは，「システム統合はコストがかかるしリスクも大きい，進めるにあたっての負荷も大きい。いったいどうすべきか」とITベンダーに相談したところ，「クラウドはコスト削減につながる」という旨の提案を受け，コスト削減ありきでクラウドへの移行の検討がスタートした。

　自社が保有するシステムのサーバーをIaaSに移行するとどうなるか，ITベンダーに診断を依頼した。結果，運用にかかる要員数削減まで含めると，コスト削減につながることが分かった。そこで，まずは業務に影響がない範囲で基幹システム以外の周辺システムのサーバーからクラウドに移行する方針とし，経営会議でも説明し賛同を得た。

　移行プロジェクトはコストの削減を目標としてスタートしたが，問題はほどなく表面化した。IaaSの構成を検討するにあたり，トランザクション処理数や監視，バックアップ等の非機能要件を考慮すると，当初の見積よりも保守，運用コストが高くなることが判明した。また，サーバーをIaaSに移行するとしても，基幹システムはクラウドに移行しない方針から変わりないため，オンプレミスとクラウド環境双方の運用が必要となり，人員削減を行

うという目標についても達成ができないことが判明した。

［リスク事例 C］ セキュリティが高度化するという誤解

　C 社は，営業力強化の一環として日報管理目的のみで利用していた営業支援システムの再構築を行うこととした。さまざまなデバイスからのアクセスや基幹システム等との容易な連携，営業部門からの要望に対して柔軟な対応が行えるよう，SaaS 型の営業支援システムを採用することとした。

　導入にあたっては，顧客情報をクラウド上に保管することから情報漏洩が心配されたが，当該 SaaS をよく知るコンサルタントを起用したことで十分なセキュリティ対策を講じることができた。さらに，外部専門家によるセキュリティアセスメントを活用し，サービス導入時におけるセキュリティホールの有無について評価を受けた。その結果，「SaaS のセキュリティ対策は十分でありインシデントは発生しない」という判断のもと，業務がスタートした。

　SaaS の利用開始から数年が経過したある日，思わぬ事態が発生した。C 社の営業支援システム内の顧客情報がインターネット上で第三者から閲覧できる状態であると，匿名掲示板で話題になっていたのである。情報システム部の担当者が調査を実施したところ，本来であれば社外の PC などからはシステムにアクセスできない設定であるはずが，実際はアクセスできてしまうことが判明した。

　原因は，数ヵ月前に SaaS のシステムアップデートが実施され，アクセス権にかかる設定が変更になったことであった。SaaS ベンダーからは，アップデートに伴い，アクセス権の設定を早期に見直す必要性がある旨の通知を何度も受けていたが，各担当者は当該通知を読み飛ばしており対応を講じなかったため，このような事態を招いたのであった。

［リスク事例 D］ サービスが停止しないという誤解

　D 社は，自前の物理サーバー上で安定したユーザー課金型 SaaS を提供するベンチャー企業であり，実直で堅実な経営と安定性を重視したサービス展開の考え方は，ユーザーから高い支持を得ていた。特に近年は，順調にサービス利用者が増加，売上も拡大し，その年は創業以来初の黒字化を達成した。CEO は，よいサービスの提供には，シェアの拡大と売上の増加が必要であると考え，多様なサービスを拡充することで利用者を増やし，より高い成長戦略を掲げることにした。

　一方で，CTO は頭を抱えていた。技術革新のスピードに対し限られた経営資源を効率よく運用するためには，投資すべき範囲を限定せざるを得ない。投資を惜しめばさらなる成長の機会を逃してしまう。そこで CTO は，「私たちの強みはサービス内容そのものだ」と，SaaS レイヤーのみに経営資源を集中し，インフラ基盤は全て IaaS 化することにした。その結果，これまで安定的にサービスを提供してきた実績もあって要件定義や移行計画にも問題は生じず，スムーズにクラウドへの移行が完了，物理サーバーを保持していたことによる管理コストも削減された。

　さらに数年後，サービスの拡充は順調に進み，市場シェア 1 位，全盛期の到来を感じ取っていた CEO であったが，思いがけない事態に遭遇する。利用している IaaS に障害が発生し，長時間にわたりサービスが提供できなくなったのである。

　CEO は「サービスが停止しないように対応していたのではないのか？このままでは利用者が減少する」と，CTO を問い詰めた。CTO は「これは我々が利用している IaaS のリージョン全体で発生している障害で，どうしようもない」と答え，クラウドインフラストラクチャーを利用する 1 ユーザーとしては事態を見守るしかなかった。

　その後，D 社のサービスには同様の事態が幾度となく発生し，安定的なサービス提供ができず，SaaS レイヤーに大きな問題が発生していないにもかか

わらず，利用者は激減，売上も減少することになった。

[リスク事例 E] データが保護されるという誤解

　E 社は，多種多様な製品を扱う店舗をグローバル展開しているが，レガシー化した自前の販売管理システムでは機能拡充やパフォーマンスの向上が難しく，保守，運用にも限界を感じていた。そこで，システムの再構築を検討し，いくつかある選択肢の中から SaaS への移行を決定した。また，大手ベンダーの SaaS では E 社固有要件の実現が難しいことから，中小ベンダーではあるが，近年急速に知名度も向上し，E 社固有要件を標準機能として開発，提供することを約束してくれた Z 社の SaaS に移行することを決定した。

　SaaS への移行は苦難の連続であったが，Z 社の協力もあり，E 社固有要件を盛り込んだユーザーインターフェースや帳票機能が実装され，新たな販売管理システムがリリースされた。社内でも新システムの評判は上々であり，旧来のレガシーシステムと比較するとシステムの保守，運用負荷も低減された。

　誰もがシステムの再構築は成功したものと確信していた頃，問題が発生した。SaaS ベンダーである Z 社が財務状況の悪化から破産申請を行ったのである。また，数日以内にサービスを終了する旨，データの保護は利用ユーザーの責任である旨が通達され，新システムへのアクセスも突如として行えない状態となった。

　担当者が SaaS の利用規約を確認したところ，SLA（Service Level Agreement：サービス品質保証）として，破産時や災害発生時には格納されたデータが回収できなくなる可能性や，ユーザー側でのバックアップ取得の推奨，ベンダーとして公式なバックアップやデータ移行ツールの公開をしない旨が記載されていた。

　結果として，E 社は利用していた SaaS 上に格納していたデータを喪失してしまった。幸いなことに，システム再構築前のデータは破棄していなかっ

たため，再構築前のデータは旧サーバーから復旧，移行後のデータは紙帳票を含む各所に残存する上流データを再入力することで復旧目途はついたが，連日連夜，多くの社員がその復旧作業に忙殺された。

3.　おわりに

　本章では，5つのリスク事例を紹介しました。

　これらリスク事例から，クラウドサービスにおいてもオンプレミス型システムと同様のリスクが存在することを理解いただけたのではないでしょうか。

　また，ベンダーの管理についても同様に，クラウドサービスを提供する事業者におけるコントロールやガバナンスの状況の把握，事業の継続性も含めたベンダーの選定など，注意する必要があります。

　では，クラウド固有の技術特性やベンダー選定に関する知見があれば，紹介したようなリスクは顕在化しなかったのでしょうか。次章では，クラウドというサービス形態の特徴を理解した上で，クラウドサービス特有のリスクをどのように検討するべきか，紹介します。

第3章

クラウドサービス利用における
リスク

1. はじめに

　クラウドサービス導入にあたってどのようなリスクを検討するかという点
は，非常に難しい問題だと思われます。なぜなら，クラウドも外部委託の1
つの形態であるため，通常外部委託を行う場合に比べて，検討しなければな
らないリスクがどのように異なるのかという疑問が生じるからです。

　クラウドサービスには，一般の外部委託と異なる特徴があり，その特徴か
ら生じる新たなリスクも存在します。加えて，昨今クラウドサービスを積極
的に利用する企業が加速度的に増加していることから，クラウドサービス特
有のリスクを抱える企業も増加しています。そこで，本章では，以下の構成
でクラウドサービス利用上想定しておくべきリスクの解説をします。

①クラウドサービスの特徴

　クラウドサービス利用上のリスクを検討するにあたっては，まずクラウド
サービスが従来の外部委託と何が違うのかを理解する必要があります。した
がって，まずクラウドサービスがどのような特徴をもったサービスであるの
かを簡単に解説をしています。

②クラウドサービス特有のリスク

　クラウドサービスの特徴がまさにクラウドサービス特有のリスクを生み出
しています。したがって，クラウドサービスの特徴との関係を示しながら，
特に重要なクラウドサービス特有のリスクを13点に絞って解説をしていま
す。

③クラウドサービス利用におけるリスク

　クラウドサービス利用にあたって検討すべきリスクを取り上げます。なお，
実際にクラウドサービスを利用する場合，クラウドサービス特有のリスクの

みでなく，システムの外部委託に関わるサービス上のリスクについても同様に検討することが必要です。よって，ここではクラウドサービス特有のリスクに限定することなく，システムの外部委託において検討すべきリスクについても併せて取り上げています。

2. クラウドサービスの特徴

クラウドサービスはさまざまな特徴を有しています。例えば，米国国立標準技術研究所（NIST）では，以下の5点をクラウドサービスの特徴としています。

◆必要に応じて人手を介さず提供されるサービスであること
◆さまざまなデバイスでアクセスができること
◆複数の組織でリソースの共用ができること
◆使用するシステムリソースが柔軟に拡張できること
◆サービスが従量課金可能であること

また，欧州ネットワーク情報セキュリティ庁（European Network and Information Security Agency：ENISA）では，以下の6点をクラウドサービスの特徴としています。

◆高度に抽象化されたリソース
◆スピーディな拡張性とフレキシビリティ
◆迅速なサービス提供
◆リソースの共有（ハードウェア，データベース，メモリなど）
◆多くの場合，サービスオンデマンドかつ利用量に応じた支払い
◆計画的な管理

これらの内容の詳細な説明は省略しますが，本書では従来のシステムの外部委託との違いを明確にするという観点より，以下の5点を代表的なクラウドサービスの特徴として整理しました。

(1) 仮想化技術の活用

　クラウドサービスは，クラウドサービス利用者が物理環境を意識せずにサービスを利用できるという特徴を有しています。この特徴は，クラウドサービスが仮想化技術を活用し，論理的なシステム構造となっていることで成り立っています。この仮想化技術の活用により，クラウドサービス利用者ごとの環境を用意せずにマルチテナント化することが可能となり，システムリソースを共同利用しています。

(2) サプライチェーン

　クラウドサービスでは，1つのクラウドサービス事業者がクラウド事業に必要な全てのサービスを用意して提供するのではなく，他の事業者のサービスを自社のサービスと組み合わせて利用者にサービスを提供するという複合型のサービス形態をとっているケースが多々存在します。このように，多くのクラウドサービスは，複数の事業者のサービスを組み合わせて最終的なサービスを提供するというように，サプライチェーンを組んでサービスを提供しているという特徴を有しています。

(3) 海外のデータセンターの利用

　クラウドサービスでは，利用者に約束したサービスを提供できればよいため必ずしも使用しているデータセンターの場所を開示しているわけではありません。このため，クラウドサービス事業者は，データセンターの設備，管理費用などの観点から，国内にこだわらず，海外のデータセンターも利用して，サービス提供を行う場合もあります。

(4) 導入の容易性，迅速性

　クラウドサービスでは，仮想化技術を活用してリソース利用の共通化を図ることなどによりコスト削減を実施しています。また，クラウドサービスは既にでき上がっているサービスであることから，従来の自社開発のシステムと比較して初期投資を非常に低く抑えることができるとともに導入までの期間を短縮できます。このように，クラウドサービスの導入はハードルが低く容易であるという特徴を有しています。

(5) クラウドサービス事業者による管理範囲の拡大

　クラウドサービスでは，IaaS であればハードウェア基盤をクラウドサービス事業者が用意，管理します。また，PaaS であれば OS やミドルウェアレイヤーまでをクラウドサービス事業者が用意，管理します。さらに，SaaSであればアプリケーションレイヤーまでをクラウドサービス事業者が用意，管理することが一般的です。したがって，クラウドサービスでは，クラウドサービスの根幹に関わる重要なシステム設定をクラウドサービス事業者が用意，管理することになるため，従来の外部委託と比較してクラウドサービス事業者側がシステムに影響を及ぼす範囲が広いという特徴を有しています。

　以上のように，クラウドサービスは従来の外部委託と比較してさまざまな特徴を有しています。詳細は次の「3.　クラウドサービス特有のリスク」にて述べますが，こうした特徴がクラウドサービス特有のリスクにつながっているのです。

3.　クラウドサービス特有のリスク

　「2.　クラウドサービスの特徴」で述べたとおり，クラウドサービスは従来のシステムの外部委託とは異なる特徴を有しています。その特徴が結果的に

クラウドサービス特有のリスクを生み出すことになっています。ここでは，そのクラウドサービス特有のリスクのうち特に重要性が高いと考えられる13点に絞り，なぜそのクラウドサービスの特徴がクラウドサービス特有のリスクにつながるのか，どのようなリスクの内容なのかという点を中心に詳細を解説していきます。

　ここで取り上げるクラウドサービスの特徴とクラウドサービス特有のリスクの関係性は図表3-1のとおりとなります。

図表 3-1　クラウドサービスの特徴とクラウドサービス特有のリスクの関係

| ①仮想化技術の活用 | ②サプライチェーン | ③海外のデータセンター活用 | ④導入の容易性，迅速性 | ⑤クラウドサービス事業者による管理範囲の拡大 |

①仮想化技術の活用
- (2)テナント分離
- (3)監査実施上の問題
- (4)知的財産権

②サプライチェーン
- (3)監査実施上の問題
- (5)クラウドサービス事業者間の責任，役割分担
- (6)ガバナンスの喪失

③海外のデータセンター活用
- (3)監査実施上の問題
- (7)海外の法規制

④導入の容易性，迅速性
- (8)正規のプロセスを経ないクラウドサービスの導入
- (11)クラウドサービスのアップデート
- (12)クラウドサービス利用者のナレッジ不足
- (13)クラウドサービス利用の多様化に伴う利用管理

⑤クラウドサービス事業者による管理範囲の拡大
- (1)他の共同利用者の影響
- (2)テナント分離
- (4)知的財産権
- (6)ガバナンスの喪失
- (9)国内の法規制
- (10)ベンダーロックイン
- (11)クラウドサービスのアップデート
- (11)クラウドサービス利用者のナレッジ不足

　　　：2. で取り上げているクラウドサービスの特徴
　　　：3. で取り上げているクラウドサービス特有のリスク

（1）他の共同利用者の影響

　「2.　クラウドサービスの特徴」の「(1) 仮想化技術の活用」で記載したとおり，クラウドサービスは，同じシステムを複数のクラウドサービス利用者

図表 3-2　シングルテナントとマルチテナントイメージ

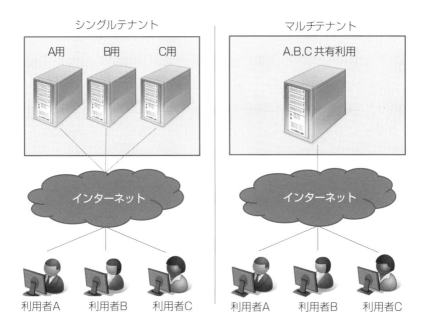

で共同利用できる仕組みになっています（図表3-2）。

　このようなマルチテナント型のサービスでは，自分以外に同時に同一のサービスを利用している他の共同利用者が存在します。したがって，そのような共同利用者が存在することによりもたらされるリスクも存在します。具体的なリスク例は以下のとおりです。

◆他の共同利用者との間で同一の IP アドレスを利用していた場合，他の共同利用者の IP アドレスが何らかの理由でブロックされてしまった結果，自社もクラウドにアクセスできなくなる。

◆他の共同利用者が情報提供命令を受け，共同利用していたストレージが押収された結果，自社のクラウドサービス利用の継続が困難になるとともに，

クラウド上に格納してある重要情報が外部に漏洩する。

◆他の共同利用者が外部から受けた不正攻撃の影響が自社のクラウドサービス利用にも及び，データ，プログラムの改竄などの被害を受ける。

(2) テナント分離

「2. クラウドサービスの特徴」の「(1) 仮想化技術の活用」で記載したとおりクラウドサービスは，仮想化技術を活用することにより，複数の利用者で同一の仕組みを利用できるサービスとなっています。これにより，リソースや運用コストを大幅に低減できるというメリットがあります。しかし，同一の仕組みを複数の利用者で利用するからといって，自らのデータを他の利用者にアクセスさせるわけにはいきません。そのような事態を回避するため，クラウドサービスではクラウドサービス利用者ごとにアクセスできるデータを分離して管理しています。そのように分離して管理する仕組みをテナント分離といいます。

このようなテナント分離の実現方法には以下のようなものが存在します。

①利用者ごとに独自のデータベースを用意する方法（物理的なリソースに個別のデータベースを用意する方法）

②利用者ごとに独自のデータベースを用意する方法（仮想化環境の上に個別のデータベースを用意する方法）

③共有のデータベースを利用し，利用者ごとに個別のスキーマを用意する方法

④共有のデータベースおよびスキーマを用意する方法

①の方法は，クラウドサービス利用者ごとに個別にデータベースを用意する方法になります。この方法の場合は，クラウドサービス利用者間で共有しているのはハードウェアだけになります。

　②の方法も，①の方法同様クラウドサービス利用者ごとに個別にデータベースを用意する方法ですが，共通のホストOSの上に仮想環境を構築した上でクラウドサービス利用者ごとに環境を構築することになります。

　③の方法は，データベース上の設定により，クラウドサービス利用者ごとに独自のスキーマを作成する方法になります。この方法の場合，クラウドサービス利用者はOSおよびデータベースを共用することになります。

　④の方法は，データベースのみならず，データベース上のスキーマもクラウドサービス利用者間で共有する方法になります。③の方法よりもクラウドサービス利用者間で共有する領域が拡大することになるため，テナントIDという概念を用いて管理を実施することになります。具体的にはクラウドサービス利用者ごとにテナントIDと呼ばれるIDが割り振られ，このIDごとにデータベース上のデータ（例えばテーブル）が管理されることになります。その結果，クラウドサービス利用者は自らに付与されたテナントIDの範囲内でのみデータベースへのアクセスが可能となります。

図表 3-3　テナント分離イメージ

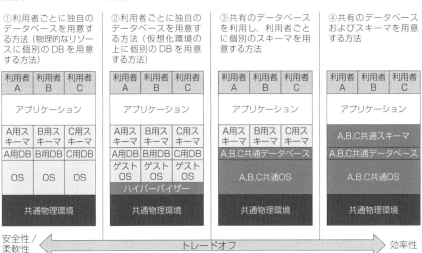

前述のとおりテナントの分離方法としてさまざまな形態が存在しますが，一般的にテナントの分離は，資源の有効利用という効率性に対し安全性および柔軟性を犠牲にしなければならないというトレードオフの関係が存在します。テナント分離におけるトレードオフの関係を表したものが図表3-3です。つまり，クラウドサービス利用者間で共有する範囲が広がれば広がるほど，個別の環境を用意する必要がなくなるため，事業者は管理コストを下げることが可能になります。一方で，共有する範囲が広がることにより，クラウドサービスの管理方法や設計方法に問題があった場合，利用者の情報漏洩やデータ改竄のリスクが高まる可能性があります。また，共有管理を実現するための仕組みに合わせてシステムを設計する必要があるため，クラウドサービス利用者ごとの個別のアプリケーションのカスタマイズ要求に応えにくくなるというリスクが存在します。

　また，図表3-3の③④の方法に関しては，テナント分離方法が複数考えられ（IDによるものや，データベースでの事業者コードなどによるもの），それぞれで脆弱性が異なります。このため，利用するクラウドサービスのテナント分離の実現方法によって検討すべきリスクも異なり，具体的には以下のようなリスクが存在します。

◆同一のデータベース上に複数のクラウドサービス利用者の情報が格納されることになるため，セキュリティ対策が十分でない場合，データ漏洩や改竄が発生する。
◆同一のデータベースを複数のクラウドサービス利用者が利用することになるため，ある利用者による処理がシステムに高い負荷を与えた場合，他のクラウドサービス利用者に影響が出る。
◆複数のクラウドサービス利用者が同一のスキーマを利用することになるため，利用者ごとの個別のアプリケーションカスタマイズ要求が受け入れられない。

◆テナント ID によりテナント分離を実施している場合，テナント ID の管理が十分でないと，他の利用者にデータの改竄が行われたり，漏洩が生じたりする。

　テナント分離の実現方法は前述のとおり，複数の方法が存在します。方法や仕組みによって脆弱性が異なるため，利用者は，自分が利用しようとしているクラウドサービス事業者が採用しているテナント分離の実現方法を具体的に理解しておく必要があります。

（3）監査実施上の問題

　「2. クラウドサービスの特徴」の「(1) 仮想化技術の活用」「(2) サプライチェーン」「(3) 海外のデータセンターの利用」という複数の特徴に関係するリスクとして，「監査実施上の問題」が存在します。

　クラウドサービスも，法定監査，内部監査，自己点検およびリスク管理部門での評価などの対象となりますが，以下のような理由により，監査や点検作業そのものが実施できない可能性や，実施できたとしても判断に必要な証跡を十分に入手することができない可能性があります。

◆契約書などでクラウドサービス事業者とクラウドサービス利用者との間の監査権に関する合意が定められていない，あるいはクラウドサービス利用者が監査権を有するものの，曖昧あるいは必要十分な内容ではない。

◆クラウドサービスでは同時に複数の利用者にサービス提供をするため，クラウドサービス事業者は独自の分散処理技術や仮想化技術を利用してクラウドサービスを提供しており，それらの技術情報自体が社外秘扱いとなっており，必要な設定情報などが提供されない。

◆クラウドサービス事業者のサーバーの設置場所が海外となっているため，クラウドサービス利用者が実際にその場所に行って評価などを実施するこ

とができない。

◆クラウドにおいては日々新しい技術が開発，導入されるため，評価を実施した後すぐに統制内容に変更が発生する。

◆クラウドサービス事業者が他の事業者のサービスと組み合わせてクラウドサービスを提供する場合，クラウドサービス事業者が委託先，再委託先をもつことになるが，再委託先においても上記と同様の状況が発生し，必要な情報が入手できない。

こうした事象に対応する1つの方法として，クラウドサービス利用者が直接評価を実施せず，第三者の評価結果（SOC 1，SOC 2 など。詳しくは第5章参照）を利用することも考えられますが，この場合でも，評価対象範囲や期間および評価実施結果が自社の評価などの目的に照らして十分でなく，追加の監査手続が必要となる可能性がある点に注意が必要です。

（4）知的財産権（データ，プログラムの所有権）

「2. クラウドサービスの特徴」の「(1) 仮想化技術」で記載したとおり，クラウドサービスは複数の利用者で同一の仕組みを利用するサービスとなっています。その結果，クラウド上に存在するデータの所有権が問題となることがあります。クラウドサービスを利用する場合，クラウドサービス事業者が提示する利用規約への同意をしたり利用契約を締結したりすることになります。しかし，その利用規約や契約書の中には，「クラウド上の全てのデータはクラウドサービス事業者に帰属する」と記載されているケースが存在します（図表3-4）。また，利用者がクラウド上の提供機能をカスタマイズする場合，あるいは独自プログラムを実装した場合などにも，同様に事業者に著作権が帰属するようなケースがあります（特に個人向けのクラウドサービスで多い傾向）。そのため，クラウドサービス事業者とクラウドサービス利用者との間でデータ，プログラムの所有権に関して十分に合意されていない場

合や，利用規約，契約内容を十分に確認していない場合には，クラウド上に存在，作成した自社の重要データ，プログラムがクラウドサービス事業者の所有物となり，クラウドサービス利用者にとって大きな損失を招く可能性があります。また，クラウドサービス事業者がその情報を他社に売却する，あるいは自社プログラムの一部として流用するなど，クラウドサービスにて二次利用されることにより，想定外の損害を被る可能性があります。

図表 3-4　事業者に著作権が帰属する利用規約のイメージ

××クラウドサービス利用規約

第1条（利用規約）
×××××××××××××××××××××××××××
第2条（仕様）
××××××××××××××××××××××××××××

第7条（禁止事項）
×××××××××××××××××××××××××××
第8条（データの所有権）
契約者が登録したデータについては，その所有権は<u>当社</u>に帰属します。

(5) クラウドサービス事業者間の責任，役割分担

「2. クラウドサービスの特徴」の「(2) サプライチェーン」で記載したとおり，クラウドサービスでは，1つのクラウドサービス事業者がサービス提供に必要な全ての仕組みを自ら準備して提供するのではなく，以下のように複数の事業者のサービスを組み合わせてサービス提供するという複合型のサービスとなっていることがあります。

図表 3-5　サプライチェーンイメージ

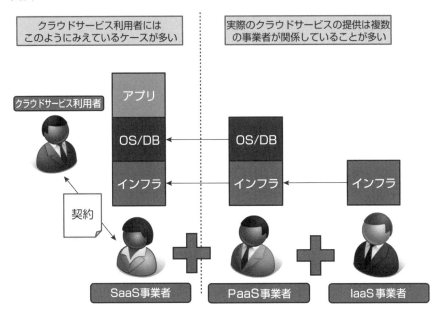

　このような複合型のサービス形態の場合には，クラウドサービス事業者間の責任，役割分担が曖昧となり，以下のような問題を招く可能性があります。

◆事業者間の責任分担，役割分担が不明確になり，管理の空洞化（誰も管理していない部分）が発生する。
◆クラウドサービス事業者との間で情報セキュリティ要件などの契約を締結している場合でも，別の事業者からのサービス提供部分は対象外となっている。
◆SaaS を利用している場合に，SaaS 上に障害は発生していないが，別の事業者が提供している PaaS や IaaS 部分に障害が発生した結果として，クラウドサービスが利用できない状況となる。

◆重要度の高い業務でクラウドサービスを利用する場合などにおいて，SaaS事業者では高いレベルの管理水準を保持していても，その背後のPaaSやIaaS事業者の管理水準が低く，結果的にクラウドサービス全体としての管理水準が低くなる。

◆監査などを実施する場合に，再委託，再々委託先から十分な情報を入手することができなくなる。

　なお，クラウドサービス事業者が他の事業者のサービスを利用してサービス提供をしている場合であっても，クラウドサービス事業者がその事実を開示していない場合もあり，クラウドサービス利用者がクラウドサービスの実態を把握できず，クラウドサービス利用に関わるリスクを十分に検討できない状況も考えられます。

(6) ガバナンスの喪失

　「2. クラウドサービスの特徴」の「(5) クラウドサービス事業者による管理範囲の拡大」で記載したとおり，クラウドサービスではクラウドサービス事業者がシステムを管理する範囲が拡大する傾向にあります。これは，クラウドサービス利用者が自ら利用するシステムを自己の管理の及ばない状況に置くことを意味しています。言い換えれば，クラウドサービス上のシステムに関する情報セキュリティやコンプライアンスは，クラウドサービス事業者のガバナンスに大きく依存することを意味しています。

　したがって，クラウドサービス事業者のガバナンス上の対応が以下のように十分でない場合，クラウドサービス利用者が損害を被る可能性があります。

◆クラウドサービス事業者が実施すべき情報セキュリティ，システム管理の信頼性の確保に向けた施策，またはコンプライアンス上の対応事項が明示されず，クラウドサービス利用者の想定よりも低い対応しか実施されない。

◆クラウドサービス事業者が実施すべき情報セキュリティ，システム管理の信頼性の確保に向けた施策，またはコンプライアンス上の対応事項が明示されている場合であっても，クラウドサービス利用者が要求する水準に至らない。

◆仮にクラウドサービス事業者がクラウドサービス利用者の要求する情報セキュリティ，システム管理の信頼性の確保に向けた施策，またはコンプライアンス上の対応を実施できたとしても，クラウドサービス事業者が他のクラウドサービス事業者に一部の業務を委託，再委託しているようなケースでは，委託先，再委託先がその要求事項を遵守できていない可能性がある。

（7）海外の法規制

「2. クラウドサービスの特徴」の「(3) 海外のデータセンターの利用」で記載したとおり，クラウドサービスでは国内のデータセンターだけではなく海外のデータセンターを利用するケースも存在します。

そのような場合，検討が必要となる法規制は，日本国内のものだけではなく海外のものにまで及びます。海外の法規制のうち，クラウドサービス利用者として注意が必要な代表例を以下に示します。

（なお，各国の法律は年月とともに変化しており，ここで挙げているものも更新される可能性があることに留意してください。）

【EU】

・EU データ保護規則（General Data Protection Regulation：GDPR）

個人のプライバシーの権利の保護と確立を目的とし，物理的施設（現地法人，支店，サーバーなど）の有無にかかわらず，EU を含む欧州経済領域（EEA）での取引にて取得した個人情報に関して，十分なデータ保護レベルを確保していない第三国へのデータの移動を禁止した法律。

　この法律は，「十分なデータ保護レベルを確保していない第三国」へのデータの移転を禁止した法律であり，海外のクラウドサービスにて海外居住者のデータを取り扱う場合，この法律に抵触する可能性があります。

【米国】
・CLOUD Act
　米国政府および米国外の外国政府がサービスプロバイダーに対してデータの開示を強制することを定めた法律。

　この法律によって，米国の管轄下にあるサービスプロバイダーに対して，米国外に物理的保管しているデータの開示を強制することができるようになったとともに，米国外の外国政府が，米国政府と協定を結ぶことで，外国政府も米国の管轄下にあるサービスプロバイダーに対して，米国法律に抵触することなく，データ開示が要求できるようになりました。したがって，政府よりサービス利用者の開示要求がされた場合，個人情報などが閲覧される可能性があります。

・カリフォルニア州消費者プライバシー法（California Consumer Privacy Act：CCPA）
　カリフォルニア州の消費者に対するプライバシー保護を定めた州法。

　カリフォルニア州における消費者のプライバシーの権利として，開示請求権や削除権等が定められています。また，プライバシー情報を取り扱う事業者に対する対応義務の要件や違反時の罰則等が定められています。

　なお，CCPAを強化する州法として，カリフォルニア州プライバシー権利法（California Privacy Rights Act：CRPA）も施行されています。GDPRと近い内容になっており，取り扱う情報にカリフォルニア州消費者が含まれていた場合，情報の取得時の制約や域外へデータを移行する際に，この州法に抵触する可能性があります。

【英国】

・捜査権限規制法（Regulation of Investigatory Powers Act）

　英国内に存在するデータに対し，政府当局は調査権限を有するという法律。この法律により，機密情報が規制当局により閲覧されたり，差し押さえられたりする可能性があります。

【中国】

・データ規制捜査権限法

　中国内に存在，流通するデータに関して，中国政府はそのデータをコントロール可能であるという法律。

　この法律により，機密情報が規制当局により閲覧されたり，差し押さえられたりする可能性があります。

　前述した国の規制以外にもさまざまな国で独自の法規制が存在し，業種によっても規制内容が異なります。したがって，サーバーが設置されている国やデータが通過する国の状況によっては気が付かないうちに法令に違反し，サービスの利用停止のみならず，強制的なデータ押収が行われ，その後の対応に窮するという事態が発生し得るリスクがあります。

(8) 正規のプロセスを経ないクラウドサービスの導入

　「2. クラウドサービスの特徴」の「(4) 導入の容易性，迅速性」で記載したように，クラウドサービスは従来の自社開発のシステムなどと比較して，非常に導入が容易かつ迅速です。一方で，このような導入の容易性というメリットが，従来組織で規定されていた適切なリスク管理プロセス（例えば，リスク管理部門やシステム管理部門による牽制,介在)を経ずにクラウドサービスを導入するという傾向を高めています。

図表3-6　クラウドサービス導入プロセスイメージ

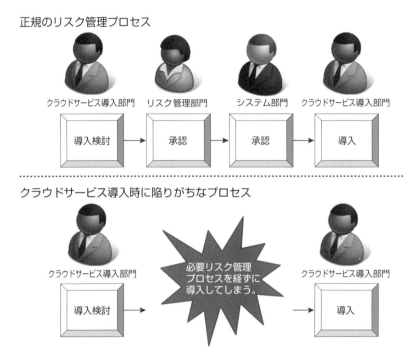

具体的には，ある業務部門で新規にクラウドサービスの導入の必要が生じた場合に，通常のプロセスに従い，リスク管理部門やシステム部門へ依頼を行うと，複雑な社内手続が求められる，あるいは厳格な情報セキュリティ要件をクリアするための情報収集に時間がかかるなど，業務戦略に適したスピーディなサービス導入の妨げとなるため，クラウドサービスを利用する業務部門のみで導入判断を行うケースがあります。

こうした場合，社内の適切なリスク管理プロセスをすり抜ける形でのシステムの導入となるため，クラウドサービス利用企業が本来要求している情報セキュリティやコンプライアンス上の要求事項を十分に満たしていないサービスを導入してしまう可能性があります。また，このような場合，情報セキュ

リティやコンプライアンス上の問題が起こりやすいだけでなく，業務部門はシステムに関する十分な知識や経験を有していないことが多いため，クラウドサービス事業者を適切に管理できず，想定どおりのサービスが利用できない，あるいは導入当初に想定したコストが大幅に上回るなど，さまざまな問題が発生しやすくなります。なお，そもそも社内において業務部門が独自にシステムを導入する際のルールが明確にされていない場合においても，同様のリスクが生じます。

（9）国内の法規制

　データセンターが日本国内にあったとしても，当然法律上の問題は存在します。これはクラウドサービス導入に限った話ではありませんが，クラウドサービスを利用する際に留意する必要がある法規制もあります。その代表例を以下に示します。

　（なお，国内の法律は年月とともに変化しており，ここで挙げているものも更新される可能性があることに留意してください。）

・個人情報の保護に関する法律（個人情報保護法）

　個人情報保護法では，「個人情報取扱事業者は，その取り扱う個人データの漏洩，滅失又は毀損の防止その他の個人データの安全管理のために必要かつ適切な措置を講じなければならない。」[1] としています。また，「個人情報取扱事業者は，個人データの取扱いの全部又は一部を委託する場合は，その取扱いを委託された個人データの安全管理が図られるよう，委託を受けた者に対する必要かつ適切な監督を行わなければならない。」[2] と規定しており，

1）「個人情報の保護に関する法律」（平成 15 年法律第 57 号）第 20 条
2）「個人情報の保護に関する法律」（平成 15 年法律第 57 号）第 22 条

委託元にて「必要かつ適切な監督」を行うことを求めています。必要な対応をとらず個人情報の漏洩が発生した場合には，個人情報保護委員会の「勧告」「命令」および「緊急命令」[3) の対象となることや，刑事罰の対象にもなり得ます[4)。

・行政手続における特定の個人を識別するための番号の利用などに関する法律（マイナンバー法）

マイナンバー法では，「個人番号利用事務等の全部又は一部の委託をする者は，当該委託に係る個人番号利用事務などにおいて取り扱う特定個人情報の安全管理が図られるよう，当該委託を受けた者に対する必要かつ適切な監督を行わなければならない。」[5) としており，この対象は再委託，再々委託先にも及ぶことになります。また，仮に必要かつ適切な監督を実施しない場合には，特定個人情報保護委員会による勧告の対象となるとともに，勧告に従わなかった場合または勧告がなされていなくても緊急に措置をとる必要がある場合は，是正命令の対象となり，この命令に反した場合には刑事罰の対象にもなります[6)。

・不正競争防止法

不正競争防止法は，企業がもつ重要情報が不正に持ち出されるなどの被害があった場合には，民事上，刑事上の措置をとることができることを定めています。ただし，そのためには，企業のもつ重要情報を不正競争防止法上の「営業秘密」として管理する必要があります。また「営業秘密管理指針」では，

---

3)「個人情報の保護に関する法律」（平成 15年法律第 57号）第 43条
4)「個人情報の保護に関する法律」（平成 15年法律第 57号）第 56条
5)「行政手続における特定の個人を識別するための番号の利用等に関する法律」（平成 25年法律第 27号）第 11条
6)「行政手続における特定の個人を識別するための番号の利用等に関する法律」（平成 25年法律第 27号）第 73条

企業が保有する重要情報を「営業秘密」として保護するために必要な要件を定めており，情報管理上の要件も定められています。

　クラウドサービスを利用した情報の保管は，その管理状況によって「営業秘密」としての要件を満たせない可能性があります。

・著作権法

　著作権法では「著作者は，その著作物を複製する権利を専有する」[7]としており，著作者が「著作物を複製してもよい」と許可するかしないかを決める権利を有しています。また，同法では「著作者は，その著作物について，公衆送信（自動公衆送信の場合にあっては，送信可能化を含む。）を行う権利を専有する」[8]としており，著作者が「著作物の公衆送信を行う権利」を有しています。

　したがって，クラウドサービス事業者が管理するサーバーに情報を送信する場合には，著作者の許諾が要求される可能性があります。

・e文書法および電子帳簿保存法

　e文書法は，会社法や税法で保管が義務づけられている文書について，紙文書だけではなく電子化された文書ファイルで保存することを認めています[9]。また，電子帳簿保存法では，国税関係の帳簿書類について，税務署長などから承認を受けた場合に，磁気テープや光ディスクなどへ電子データとして保存することを認めています[10]。

　これらの法律はクラウドのように第三者が所管する外部のサーバーへ情報

---

7)「著作権法」（昭和45年法律第48号）第21条
8)「著作権法」（昭和45年法律第48号）第23条
9)「民間事業者等が行う書面の保存等における情報通信の技術の利用に関する法律」（電磁的記録による保存）第3条
10)「電子計算機を使用して作成する国税関係帳簿書類の保存方法等の特例に関する法律」（平成10年法律第25号）（国税関係帳簿書類の電磁的記録による保存等）第4条

を遠隔保管することに関しては必ずしも考慮されていないため，個別の法令によっては，一部制約が存在する可能性があります。

・外国為替および外国貿易法（外為法）

外国為替および外国貿易法（外為法）では，特定技術を特定国において提供する際には，経済産業大臣の許可が必要であると規定しています[11]。したがって，日本国内から海外のサーバーに情報を送信する場合には，経済産業大臣の許可の必要となる場合があります。

以上，検討が必要な法規制について述べました。「(8) 海外の法規制」でも検討が必要な法規制の話に触れましたが，法令違反となった場合には，企業イメージの失墜に加え，サービスの利用停止に伴うさまざまなリスクにつながる可能性がある点にも留意することが必要です。

(10) ベンダーロックイン

「2. クラウドサービスの特徴」の「(5) クラウドサービス事業者による管理範囲の拡大」で記載したとおり，クラウドサービスではクラウドサービス事業者がシステムの重要な設定を行い，管理しています。その結果として，「ベンダーロックイン」というリスクが出てくることになります。

ベンダーロックインとは，あるクラウドサービス事業者で要求されるシステム上の仕組みと，他のクラウドサービス事業者で要求されるシステム上の仕組みが異なることにより，容易に事業者間の乗り換えができないことを意味します。

クラウドサービス利用企業にとって，ベンダーロックインに陥った場合，容易に他のクラウドサービス事業者に乗り換えられないことから，仮に現在

---

11)「第6章の3 輸出者等遵守基準」第55条の10

利用しているサービスの価格が高騰しても当該サービスの利用を続けざるを得ないため，結果的にコストが増大するというケースが発生します。つまり，事業者間における市場競争の恩恵を十分に受けられない可能性があるということです。

　クラウドサービスにおいては，クラウドサービス事業者ごとに利用できる開発言語やデータベースを限定しているケースが存在します。その結果，あるクラウド上に存在するプログラムやデータを別のクラウドに移行しようとしても簡単には行えず，多額の移行費用が必要となる，あるいは移行そのものが不可能になる可能性があります。

図表 3-7　ベンダーロックインイメージ

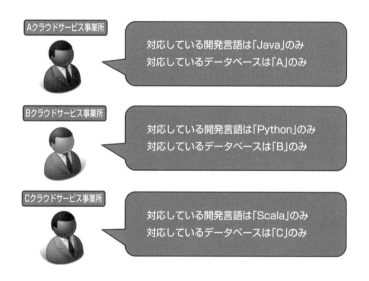

Aクラウドサービス事業所
対応している開発言語は「Java」のみ
対応しているデータベースは「A」のみ

Bクラウドサービス事業所
対応している開発言語は「Python」のみ
対応しているデータベースは「B」のみ

Cクラウドサービス事業所
対応している開発言語は「Scala」のみ
対応しているデータベースは「C」のみ

（11）クラウドサービスのアップデート

　「2. クラウドサービスの特徴」の「(5) クラウドサービス事業者による管理範囲の拡大」で述べたとおり，クラウドサービスにおいて，サービスのアッ

プデートは，クラウドサービス事業者の管理範囲にて実施されるものが多くあります。多くのアップデートは機能追加となっているため，その機能を追加しなくてもサービス利用を継続することは可能ですが，クラウドサービスのアップデートを適切に取り込まなければ，セキュリティ対策が危殆化してしまうリスクがあります。発生するリスクとしては，以下のようなものが挙げられます。

◆アップデートされたセキュリティ機能を利用するクラウドサービスに追加設定せず，セキュリティ対策レベルの向上ができない

◆アップデートと同時に新規機能が利用可能となっていることに気づかず，管理外の機能が利用可能な状態のまま放置されている

◆自社内システムとクラウドサービスが連携している場合に，クラウドサービスが機能アップデートしても自社内システムが対応できず，クラウドサービスの新規機能を利用できない

◆クラウドサービスのアップデートに伴い，クラウドサービスの画面イメージ等が変更され，手順書や自動化ツールを一新する必要がある

　クラウドサービスのアップデート情報は，メールやダッシュボードにより通知されることが多く，適時に捉える仕組みを構築しなければ，重要なアップデートを行えないリスクがあります。

（12）クラウドサービス利用者のナレッジ不足

　「2.クラウドサービスの特徴」の「(6) 利用するクラウドサービスのナレッジ」で記載したとおり，クラウドサービスは，利用するサービスそれぞれで，クラウドサービス事業者の管理範囲とクラウドサービス利用者の管理範囲が異なります。そのため，利用するクラウドサービスの特徴や構成，機能を確実に理解しなければ，セキュリティ対策不足や組織のルールを満たせないリ

スクが出てくることになります。発生するリスクとしては，以下のようなものが挙げられます。

◆クラウドサービス利用者にて取得しなければならないログを認識しておらず，フォレンジック時に必要なログを取得できない
◆クラウド上にて自動でログを取得しているものの，ログの保持期間を把握しておらず，ログが消失する
◆設定1つでリソースの外部公開やグローバルIPアドレス付与等が可能であるため，知識不足や誤操作によりシステム，データを外部公開してしまう
◆クラウドサービス環境自体を管理する高権限アカウントを適切に保護できておらず，高権限アカウントが漏洩することで環境自体が乗っ取られてしまう

（13）クラウドサービス利用の多様化に伴う利用管理

「2. クラウドサービスの特徴」の「(4) 導入の容易性，迅速性」に記載したとおり，クラウドサービスは，既に構築済みのサービスを利用するため，容易に利用を開始することができ，システム開発コスト削減や開発期間の短縮が行えます。一方で，容易に利用することができることから，企業内で利用するクラウドサービスが増加し，全てのクラウドサービスのセキュリティレベルを一定に保つことが難しい状況が発生します。特に，クラウド上に情報を保持するようなサービスを利用する場合，内部不正による外部への情報持ち出しや，外部攻撃による情報漏洩に対する対策を適切に実施する必要があります。

利用するクラウドサービスごとに，クラウドサービス事業者のセキュリティ対策やクラウドサービス利用者に提供される機能が異なるため，組織内で複数のクラウドサービスを利用する場合，それら全てのクラウドサービス

の特徴や構成，機能を適切に理解し，対策を実施しなければなりません。ク
ラウドサービスの仕組みや内容を理解せずに利用してしまうと，セキュリ
ティ対策が不十分なクラウドサービスから情報漏洩等が発生するリスクがあ
ります。

4. クラウドサービス利用におけるリスク

　「3. クラウドサービス特有のリスク」では，従来のシステムの外部委託と
比較して，クラウドサービス特有のリスクを取り上げ解説しました。しかし，
クラウドサービスを導入，利用する場合，クラウドサービス特有のリスクだ
けでなく，システムの外部委託に関わるリスクも考慮に入れる必要があるこ
とはいうまでもありません。ここではクラウドサービス利用にあたって関係
するリスク全般を取り上げます。

【リスク一覧表の説明】
　リスクの一覧表は以下の構成となっています。

No.	クラウドサービス特有のリスク	リスク項目	リスク内容	利用者側	事業者側
01		外部者による不正アクセス	クラウドサービス事業者，クラウドサービス利用者のWebセキュリティ対策不足により不正アクセスが成立し，情報漏洩，改竄が発生するリスク	◎	◎

◆ No 欄
　リスクの番号です。

◆クラウドサービス特有のリスク欄
　本章の「3. クラウドサービス特有のリスク」で取り上げたリスクに関し
てはそこに該当する番号を記載しています。

◆リスク項目欄

取り上げているリスクのタイトルです。

◆リスク内容欄

取り上げているリスクの簡単な説明です。

◆利用者側欄／事業者側欄

　取り上げているリスクには，クラウドサービス利用者側で直接対応すべき内容とクラウドサービス事業者側で直接対応すべき内容があります。したがって，どちらが直接的な対応が必要かを示すため，直接的な対応が必要な方に◎を記載しています。

図表 3-8　リスクへの対応イメージ

　なお，例えば技術的な課題など，クラウドサービス事業者側で直接的な対応が必要なリスクであっても，必ずしもクラウドサービス利用者は何もしなくてよいということはなく，技術的な課題に適切に対応しているクラウドサービス事業者を選定するなど，間接的に対応が必要となるケースもあります。このような項目には○を記載しています。

リスク一覧表

No.	クラウドサービス特有のリスク	リスク項目	リスク内容	利用者側	事業者側
01		外部者による不正アクセス	クラウドサービス事業者，クラウドサービス利用者のWebセキュリティ対策不足により不正アクセスが成立し，情報漏洩，改竄が発生するリスク	◎	◎
02		データ転送への攻撃	データ伝送時に情報漏洩が発生するリスク。また，中間者攻撃によりデータ伝送時に情報漏洩が発生するリスク	◎	◎
03	(1)	他の共同利用者の影響	特定利用者への攻撃が，サービス利用者全体へ影響を及ぼすリスク	○	◎
04	(2)	テナント分離	テナントIDの利用により，不正アクセスによる情報漏洩やリソースの不足が発生するリスク	◎	◎
05		仮想化技術	仮想化技術の利用により，不正アクセスによる情報漏洩やリソースの不足が発生するリスク	○	◎
06		暗号化	暗号化通信を適切に利用していないことによる情報漏洩，改竄が発生するリスク クラウドサービス事業者，クラウドサービス利用者がそれぞれ管理する暗号鍵の管理不備による情報漏洩，改竄が発生するリスク	◎	◎
07		分散管理	分散処理の利用により情報漏洩やデータの不整合が発生するリスク	◎	◎
08		クラウドサービス利用終了	クラウドサービスの利用終了時に，必要なデータの取得または不要なデータの削除が行えないリスク	○	◎
09		ログ取得	クラウドサービス事業者，クラウドサービス利用者にそれぞれ取得すべき必要なログが保全されておらず，インシデント発生時の原因究明が行えないリスク	◎	◎
10		データの完全性	データがリアルタイムで一貫性を確保できないリスク	○	◎
11		データおよびプログラムの変更	意図しないプログラムおよびデータの更新が実施されるリスク リリース前資産（システムイメージ）にセキュリティホールが不正に埋め込まれた状態で，リリースが実施されるリスク	◎	◎
12		バッチジョブ	意図しないバッチジョブの更新が実施されるリスク	○	◎
13		サーバーの設置場所	サーバーの設置場所によって，サービス提供が制限されるリスク	○	◎
14		システムリソース	クラウドサービス事業者のシステムリソース不足やクラウドサービス利用者のキャパシティプラン未整備により，障害発生時や高負荷時の可用性が低下するリスク	◎	◎
15		DDoS/EDoS攻撃	DDoS攻撃によるサービス停止のリスク，およびEDoS攻撃による不正課金が行われるリスク	◎	◎
16		ネットワーク	ネットワーク品質の影響により可用性が低下するリスク	○	◎
17		BCP（事業継続計画）	BCP(事業継続計画)が作成されておらず障害復旧が困難となるリスク	◎	◎
18	(7)	海外の法規制	海外の法規制に影響を受けるリスク 法律や当局の規制が変化し既存の管理や対応では不十分になるリスク	○	◎

19	(9)	国内の法規制	国内の法規制に影響を受けるリスク 法律や当局の規制が変化し既存の管理や対応では不十分になるリスク	◎	◎
20		非合法のデータの存在	他の共同利用者と同一のシステム内に非合法のデータが存在し，データ押収などに巻き込まれるリスク	○	◎
21	(3)	監査実施上の問題	必要な監査がクラウドサービス事業者により実施されない，またはクラウドサービス利用者が実施できないリスク	◎	○
22	(4)	知的財産権	自社のデータ，または自社開発プログラムの所有権が自社に帰属しないことにより，クラウドサービス事業者または他のクラウドサービス利用者に無断利用（侵害）されるリスク	◎	○
23		企業イメージを損なうリスク	クラウドサービス事業者のセキュリティ事故，障害の発生に伴い，クラウドサービス利用者（企業）の評判が低下してしまうリスク	◎	○
24		クラウドサービス事業者の経営状態	クラウドサービス事業者の経営状況により，継続的にサービスが利用できなくなるリスク	◎	○
25		サポート対応，メンテナンス画面	クラウドサービスの稼働状況のタイムリーな把握ができず，パフォーマンスおよびサービスレベルの低下を検知できないリスク	○	◎
26		ライフサイクルコスト	事業規模やデータの転送量，ライセンスの適用台数によっては，当初の想定を大幅に超えるコストが発生するリスク ライフサイクルコスト（利用期間，および利用期間中に発生するコスト）やアプリケーションのクラウドとの親和性の観点から，クラウド化によるメリットを得られないリスク	◎	○
27		ビジネスプロセスへの影響	クラウドサービスのカスタマイズが十分に行えないことによってビジネスプロセスが影響を受けるリスク	◎	○
28	(10)	ベンダーロックイン	他のクラウドサービス事業者への切り替えが困難となる，あるいは切り替えた場合の業務水準の維持が困難となるリスク	◎	◎
29		自社の技術，業務ノウハウの流出，喪失	自社の技術，業務ノウハウがサービスプロバイダーへ流出し，既存オペレーションのアドバンテージを失うリスク 技術，業務ノウハウの蓄積が困難となるリスク	◎	○
30		リソース，インフラの高集約によるインシデントの影響の拡大	利用者，サービスの高集約，共有化により，大規模障害が発生，拡大するリスク	○	◎
31	(5)	クラウドサービス事業者間の責任，役割分担	クラウドサービス事業者間の責任分界点が明確でないため，障害発生時などに適切な対応が行われないリスク	◎	◎
32	(6)	ガバナンスの喪失	クラウドサービス事業者に十分なガバナンスが存在しないことにより，クラウドサービス利用者に悪影響を及ぼすさまざまな問題が発生するリスク	○	◎
33	(8)	正規のプロセスを経ないクラウドサービスの導入	ユーザー部門が情報システム部門などの責任部署の了解を得ず，クラウドサービスを利用してしまうリスク	◎	—
34		クラウドサービス利用者による情報漏洩	クラウドサービスの利用における情報管理ルールを，クラウドサービス利用者が明確に整備，運用できないことによる情報漏洩，流出のリスク	◎	—

35		サービスレベル	サービスレベルの内容に利用者が不利な内容が含まれる、あるいは契約後のサービスレベル内容の見直しが適時に行えず、求めるサービス水準が適切に維持できなくなるリスク	◎	―
36		クラウド管理アカウントを利用した攻撃	クラウド管理アカウントへの対策（管理，監視）が不足し、クラウド利用環境が攻撃者に乗っ取られるリスク	◎	―
37	(11)	クラウドサービスのアップデート	クラウドサービスのアップデートに対して，利用者側が適切な対処を実施せずセキュリティレベルが維持できなくなるリスク	◎	―
38	(12)	クラウドサービス利用者のナレッジ不足	クラウドサービス固有のナレッジ不足に起因して設定不備や誤操作を実施してしまい、システム環境や情報を保全できない、あるいは可用性を維持できないリスク	◎	―
39	(13)	クラウドサービス利用の多様化に伴う利用管理	複数のクラウドサービスを利用することにより、システム管理や監視等、運用が煩雑化するリスク	◎	―
40		ライセンス管理	BYOL管理（クラウドサービス事業者以外で調達したソフトウェアライセンスの管理）が複雑化し、ライセンス違反してしまうリスク	◎	―

◎＝リスクに対して直接的な対応が必要となる項目
○＝リスクに対して間接的な対応を検討する必要がある項目

　上記リスク一覧表で取り上げたリスク内容を以下に簡単に解説します。なお，既に「3. クラウドサービス特有のリスク」で詳細を記述したものについては，説明を省略しています。

R-01　外部者による不正アクセス

　クラウドサービスは，クラウドサービス利用者がインターネットを通じて外部から管理，操作するサービス形態であるため，サイバーアタックなど外部の第三者による不正アクセスが発生した場合，情報の漏洩，改竄が発生するリスクが高まります。

　また，クラウドサービスを利用してWebサービスを構築，提供する場合には，クラウドサービス利用者側にてWebシステムを構築する必要があるため，適切なWebセキュリティ対策が必要となります。

　加えて，クラウドサービスにおいては，多層防御が構築できない状況もあるため，1つのセキュリティ対策不足が直接情報漏洩，改竄につながるリス

クがあります。

R-02　データ転送への攻撃

　クラウドサービスでは，クラウドサービス利用者によるインターネットを通じた，外部からのデータ管理，操作の実施に加え，クラウドサービス事業者側にてインターネットを介したデータの分散，転送処理が実施される場合があるため，そのデータ伝送時に情報漏洩が発生するリスクが高まります。

　また，中間者攻撃（中間者攻撃とは，データ通信に対する脅威の1つで，ネットワークに割って入り，送信者と受信者の双方になりすまして通信内容の盗聴や改竄を行う攻撃を指します）などの発生可能性も増し，情報漏洩が発生するリスクも高まります。

R-03　他の共同利用者の影響

　「3.クラウドサービス特有のリスク」（1）参照

R-04　テナント分離

　「3.クラウドサービス特有のリスク」（2）参照

R-05　仮想化技術

　仮想化技術とは，コンピュータのリソースを物理的な構成にとらわれるのではなく，抽象化（＝論理的に操作）することにより，さまざまな形態に変更することが可能な技術を意味しています。仮想化技術はマルチテナントを実現する上で非常に重要な技術ですが，メリットがある一方でリスクも存在します。仮想化基盤の脆弱性を突いた攻撃やクラウドサービス事業者による設定値の不備などにより，情報漏洩，改竄が発生するリスクが高まります。

R-06　暗号化

クラウドサービスでは，クラウドサービス利用者がインターネットを通じて外部からアクセスしますが，その際の通信処理に適切な暗号化技術が適用されない場合，または管理すべき暗号鍵をクラウドサービス事業者が喪失する場合などに，情報漏洩，改竄が発生するリスクが高まります。

また，クラウドサービス利用においては，データがクラウドサービス上に存在するため，クラウドサービス利用者側にて暗号化を実施する場合に，暗号鍵もクラウドサービス上に保管する必要があります。この暗号鍵に対するアクセス権を適切に設定しなければ，本来アクセス権限を保持しないユーザーが暗号化，復号化を実施し，情報の利用を不可能にする，あるいは情報を参照できてしまうリスクが高まります。

R-07　分散管理

クラウドサービスでは，冗長性や拡張性を実現するために，複数のコンピュータをネットワークで結びつけ，並行稼働させる分散処理の技術が採用されています。このように分散処理を実施した結果，データはさまざまなコンピュータ間で複製，保管される複雑なシステム構成となっています。その結果，データの保護対策に漏れが生じるリスクが高まります。また，コンピュータ間をつなぐネットワークの障害などにより分散処理が不正に終了してしまうと，一方ではデータが更新され，一方では未更新のまま，といったデータの不整合が生じるリスクが高まります。

R-08　クラウドサービス利用終了

クラウドサービスでは，分散処理を実施し複数のコンピュータに分散してデータを複製，保管しているため，クラウドサービス利用終了時に，必要なデータを漏れなく取得することができないリスクが高まります。また，不要なデータの削除を実施しようとしても網羅的に実施できないリスクも高まり

ます。そのため，削除できない重要情報が流出するリスクに加え，顧客サービスにクラウドサービスを利用しているような場合では，顧客からのデータ削除要請に適切に応えられず，企業としての説明責任を求められる事態を招くリスクもあります。

R-09　ログ取得

　クラウドサービスでは仮想化技術や分散処理などのさまざまな技術を組み合わせています。また，クラウドサービス事業者が外部の事業者にサービスを委託している場合があるため，ログ取得範囲が限定されるケースが多々存在します。結果的に，クラウドサービス利用者が必要と考えるログが十分取得されておらず，プログラムの障害，または内部者による情報の不正利用などのインシデント発生時に原因究明が行えないリスクが高まります。

　また，クラウドサービスでは，全てのログがクラウドサービス事業者で管理されるわけではなく，クラウドサービス利用者側の設定によりログ取得可否を判断する仕組みがあります。また，仮想サーバーのようにオンプレミス環境と同様の設定でログを取得する必要があるサービスもあります。クラウドサービスが機能として提供するログの取得方式を理解していない場合，必要なログが取得されておらず，インシデント発生時等に原因究明が行えないリスクが高まります。

R-10　データの完全性

　クラウドサービスでは，各システムにおいて分散処理されたトランザクションデータの一貫性を実現させるために，リアルタイムで同期させるのではなく，営業時間終了時などの特定時点において一括で同期させることがよくあります。こうした場合に，分散処理されたデータに関わる一貫性をリアルタイムで確保することができないというリスクが高まります。

R-11　データおよびプログラムの変更

SaaS 型のクラウドサービスであれば，クラウドサービス事業者側でデータやプログラムの変更が実施されますが，クラウドサービス事業者による適切な変更管理ルールが運用されない場合，データ，プログラムの意図しない更新が行われるリスクが高まります。また，PaaS や IaaS であればクラウドサービス利用者がこうした変更作業を担うことになりますが，利用者による変更結果を適切に管理，維持する態勢が事業者に欠けている場合，同様のリスクが発生します。

R-12　バッチジョブ

SaaS 型のクラウドサービスであれば，クラウドサービス事業者側でバッチジョブ管理が行われますが，クラウドサービス事業者による適切なバッチ管理ルールが運用されない場合，意図しない更新が行われるリスクが高まります。また，PaaS や IaaS であればクラウドサービス利用者がこうした変更作業を担うことになりますが，利用者自らが変更結果を適切に管理，維持する態勢を確保する必要があり，同様のリスクが発生します。

R-13　サーバーの設置場所

クラウドサービスでは，サーバーの設置場所が海外であるケースも存在します。サーバーの設置場所が海外である場合，システムのメンテナンス時間が日本の業務時間と重複してしまい，サービス提供が制限されるリスクが高まります。また，「R-10 データの完全性」や「R-12 バッチジョブ」でも述べたとおり，クラウドサービス事業者による管理態勢が十分でなく，バッチジョブによる緊急メンテナンスなどが，事前告知なくクラウドサービス利用者の業務時間中に突然実施されるような事態が発生した場合，データの一貫性が損なわれるリスクがあります。

R-14 システムリソース

　クラウドサービス事業者にてクラウドサービス利用の増減に対する十分な将来予測とリソース増強策を作成していない場合，クラウドサービス利用が想定外に増加することによりシステムリソースの不足が発生し，クラウドサービス利用者のニーズを十分に満たすサービスが提供されなくなるというリスクが高まります。

　また，クラウドサービスの特徴は，利用するリソースをタイムリーに増減できる点ですが，無制限にリソースを増やせるわけではなく，またリソースの確保にはタイムラグが発生します。そのため，キャパシティプランを整備せず，リソース計画等を立案していない場合，障害発生時や高負荷時に必要とするリソースを適時に準備できず，可用性が低下するリスクが高まります。

R-15 DDoS/EDoS 攻撃

　クラウドサービスは，インターネットを通じてアクセスするサービス形態であり，また，複数の利用者が共通のサービスを利用するサービス形態であるため，悪意ある外部の第三者により，分散型サービス妨害攻撃（Distributed Denial of Service Attack：DDoS 攻撃）を受けて，サービス停止となるリスクがあります。

　さらに，クラウドサービスにおいては，処理したデータ量や使用したストレージ量などに応じて利用料金が決まる従量課金型という料金モデルが採用されているケースも存在するため，サービスに過剰な負荷攻撃をかけることで，身に覚えのない利用料金をクラウドサービス利用者へ請求させることが可能となります。これは，経済的な損失を狙ったサービス妨害攻撃（Economic Denial Of Sustainability Attack：EDoS 攻撃）と呼ばれ，クラウドサービス利用者が共通して直面するリスクとなります。

R-16　ネットワーク

　クラウドサービスはインターネットを通じてアクセスするサービス形態であるため，ネットワーク品質の影響によりシステムの可用性が低下するリスクが高まります。

R-17　BCP（事業継続計画）

　クラウドサービス事業者において，BCP（事業継続計画）が作成されていない場合，クラウドサービス事業者に災害，事故などが発生すると，クラウドサービスの災害，障害復旧が困難となります。また，サービス停止の混乱の中で行われる不十分な対応により，情報の漏洩，不適切なプログラムにてサービス復旧することによるデータの完全性の喪失など，さまざまなリスクが高まります。

R-18　海外の法規制

　「3.　クラウドサービス特有のリスク」（7）参照

R-19　国内の法規制

　「3.　クラウドサービス特有のリスク」（9）参照

R-20　非合法のデータの存在

　クラウドサービスは，1つの仕組みを複数の利用者で共同利用するというマルチテナント型のサービスです。したがって，他の共同利用者が自社の利用しているハードディスク上に非合法なデータを蓄積し，結果的に警察機関などにハードディスクごとデータが押収された場合，自社の情報も外部に漏洩してしまう可能性があります。これは，「R-18 海外の法規制」「R-19 国内の法規制」に類似する点がありますが，反社会勢力などによるサービス利用に対するクラウドサービス事業者の顧客審査態勢やコンプライアンス意識の

成熟度の低さによって発生する可能性のあるリスクでもあります。

R-21　監査実施上の問題

「3. クラウドサービス特有のリスク」(3) 参照

R-22　知的財産権

「3. クラウドサービス特有のリスク」(4) 参照

R-23　企業イメージを損なうリスク

クラウドサービス事業者に,セキュリティ事故および障害が発生した場合,当該クラウドサービス利用者の評判自体が低下するという,風評リスクがあります。

R-24　クラウドサービス事業者の経営状態

クラウドサービス事業者の経営状況の悪化,倒産および経営方針の転換などにより,突然クラウドサービスが利用できなくなり,そのサービスをとおして運営していた業務を十分な水準で継続できなくなるリスクがあります。

R-25　サポート対応,メンテナンス画面

クラウドサービス事業者側の障害(インフラ障害等)は,クラウドサービス利用者側の監視では検知,把握ができないため,クラウドサービス事業者が提供する情報を適時モニタリングする必要があります。モニタリングを実施しない場合,クラウドサービス自体の障害を把握できず,パフォーマンスやサービスレベルの低下を検知できないリスクがあります。

R-26　ライフサイクルコスト

いったんクラウドサービスを導入した後で当初の想定を大幅に超える利用

量（データ伝送量やライセンスの適用台数など）が発生した場合，サービスの利用料金もまた当初の想定を大きく超えることになります。こうした場合のシステムライフサイクル全体のコストは，パッケージシステムの導入や自社開発の場合よりも大きくなり，システムコストの低減を当初目指していた場合等は，正反対の結果を招くリスクがあります。

　また，クラウドサービスでは，サービスの組み合わせや，クラウドサービス上へのサーバー構築等により，柔軟にシステムを構築することが可能です。しかしながら，柔軟である一方，クラウドと親和性の高いシステムおよびアプリケーションを構築しなければ，コストメリットを享受できず，コスト高になるリスクがあります。

R-27　ビジネスプロセスへの影響

　特にSaaSを利用する場合は，業務プロセスに即したシステム機能のカスタマイズが行えず，利用者側の業務プロセスを，システム機能に合わせて変える必要が生じる傾向にあります。仮に利用開始時点ではクラウドサービスに合致した業務プロセスが運用できたとしても，後にさまざまな理由によってプロセスを変更する必要が生じた場合，利用中のSaaSでは対応できない，あるいは対応するためには多額の追加コストが要求されるというような事態が発生するリスクもあります。

R-28　ベンダーロックイン

　「3. クラウドサービス特有のリスク」(10) 参照

R-29　自社の技術，業務ノウハウの流出，喪失

　クラウドサービスは外部から提供されるサービスであるため，自社の技術，業務ノウハウがクラウドサービス事業者に流出し，ビジネス上のアドバンテージを失うリスクが高まります。また，外部のサービスを利用すること

になるため，自社内での技術，業務ノウハウの蓄積が困難となり，クラウドサービスへの依存度が高まるリスクもあります。

R-30 リソース，インフラの高集約によるインシデントの影響の拡大

　クラウドサービスでは，利用者，サービスの集約および共有化が行われているため，例えばデータセンター内でのネットワーク障害が発生した場合，その影響がクラウドサービス全体に及び，サービスの可用性が損なわれるリスクが高まります。

R-31 クラウドサービス事業者間の責任，役割分担

　「3. クラウドサービス特有のリスク」(5) 参照

R-32 ガバナンスの喪失

　「3. クラウドサービス特有のリスク」(6) 参照

R-33 正規のプロセスを経ないクラウドサービスの導入

　「3. クラウドサービス特有のリスク」(8) 参照

R-34 クラウドサービス利用者による情報漏洩

　クラウドサービスでは，PC やモバイル端末など，さまざまな機器からのアクセスが可能となる仕組みが構築され，情報へのアクセスが容易となる可能性が高まります。そのため，クラウドサービス利用者が，機器固有のセキュリティリスクを踏まえた上で，クラウドサービス利用時の情報管理ルールを明確に整備，運用できない場合，管理ミスや認識不足などを原因とした，情報漏洩，流出のリスクが高まります。

R-35　サービスレベル

クラウドサービス事業者と締結するサービスレベルの内容においてクラウドサービス利用者にとって不利益となる内容が多く含まれることにより，サービス利用に悪影響を及ぼすリスクがあります。また，クラウドサービス事業者によるサービス提供実態に基づいたサービスレベルの見直しを適時に行えないことにより，サービス利用当初想定していたベネフィットを十分に得られないリスクがあります。特に，クラウドサービスでは利用者全体に一方的に適用される約款契約モデルが多いため，こうしたリスクが高まります。

R-36　クラウド管理アカウントを利用した攻撃

クラウドサービスでは，クラウド管理アカウントにてクラウド環境自体の操作（サービス選択，インスタンス利用，運用監視等）を実施するため，クラウド管理アカウントが漏洩した場合，利用するクラウド環境自体を攻撃者に乗っ取られ，不正利用されるリスクがあります。

R-37　クラウドサービスのアップデート

「3. クラウドサービス特有のリスク」(11) 参照

R-38　クラウドサービス利用者のナレッジ不足

「3. クラウドサービス特有のリスク」(12) 参照

R-39　クラウドサービス利用の多様化に伴う利用管理

「3. クラウドサービス特有のリスク」(13) 参照

R-40　ライセンス管理

クラウドサービスは，システムの利用状況に応じて，稼働するサービス数やサーバーの台数を自由にかつ自動で増減させることが可能です。そのため，

クラウドサービスに BYOL(Bring Your Own Licence)を利用していた場合，確保しているライセンス数よりも多くサーバーを自動起動させてしまうことで，ライセンス違反をしてしまうリスクがあります。

5. おわりに

　以上，クラウドサービス利用にあたって検討すべきリスクを紹介しました。クラウドサービス利用にあたっては，従来のシステムの外部委託に関わるリスクに加えてクラウドサービス特有のリスクも存在するため，留意すべきことは非常に多様となってきます。これらをどう取り扱うべきなのか，第4章では，クラウドサービス利用にあたっての対策を紹介します。

第4章

クラウドサービス利用時の
コントロール

1. はじめに

　第3章では，クラウドサービスを利用することによって生じるリスクを紹介しました。第1章で述べたように，クラウドサービスは，企業のDX推進において，コスト面，利用に至るまでのスピード感など，大きなメリットをもたらします。クラウドサービス利用がDX推進に欠かせない一方で，クラウドサービスを利用する場合，企業は第3章で挙げたリスクと上手に付き合う必要があります。

　対策が不十分なことによりリスクが顕在化してしまった場合，当初想定したクラウドサービス利用のメリットが十分に享受できない事態が発生することが考えられます。また，万が一，クラウドサービス事業者に預けているデータが漏洩した場合，インシデント対応による追加のコスト，あるいはステークホルダーから自社の管理責任を問われるような事態が発生する可能性があります。そのような事態を未然に防ぐためにも，クラウドサービス利用に関わるリスクへの対応は，会社を挙げて実施する必要があります。

　第4章では，クラウドサービス利用に関わるリスクに対するコントロールを説明します。コントロールには，大きく2つの種類があります。1つは，個々のクラウドサービスの内容によらない，クラウドサービスを利用する上での共通的な事項である基本方針の策定など，マネジメントレベルで実施すべき取り組みです。もう1つは，個々のクラウドサービスのライフサイクルの各フェーズ（利用計画〜選定〜契約〜運用管理〜サービス利用終了）ごとに実施すべきコントロールです。

2. マネジメントレベルで実施すべき取り組み

　まずは，マネジメントレベルで実施すべき取り組みについて説明します。これは，主に以下の2つに大別することが可能です。

1）クラウドサービス利用に関する基本方針の策定
2）基本方針に基づく管理態勢の検討，整備

(1) クラウドサービス利用に関する基本方針の策定

　クラウドサービスは昨今のIT環境において欠かすことはできないものの，その利用がもたらすメリット，デメリットを経営層，リスク管理部門，IT部門，ビジネス部門，内部監査部門が十分に理解した上で，クラウドサービス利用に関する基本方針を策定することが重要です。

　クラウドサービス利用のメリットは多くの業務において享受することができますが，一部の業務においては，クラウドサービス利用によるリスクが大きく，顕在化した場合のデメリットが大きくなることがあります。このような業務を選別した上で，クラウドサービスの利用領域を判断し，経営層を含めた関係者間で認識を共有する必要があります。

　例えば，クラウドサービス導入による大きなメリットの1つに，クラウドサービス事業者が各種システムを用意することによる導入や管理の容易さがあります。この容易さは，多くの企業がクラウドサービスを利用する大きな理由の1つとなっていますが，クラウドサービス事業者に管理，運用を依存することで自社管理のシステムによる管理，運用ではこれまで存在しなかった新たなリスクが発生します。自社管理のシステムであれば容易に管理できたはずの事象が，クラウドサービス事業者が介在することにより難しくなるというリスクを，関係者間で事前に認識共有し，適切な管理を講じることは非常に重要です。これらリスクの内容については，本章「3.ライフサイクルの各フェーズにおけるコントロール」の「(2) リスク評価アプローチ例」の「④コントロール水準の検討」にて説明しています。

　基本方針を策定する上では，以下の観点を参考に基本方針に含まれるべき内容を検討することが有効です。

◆経営者としてクラウドサービス利用のメリットおよび利用しないことによるデメリットを理解した上で、クラウドサービス利用時に発生し得るリスクを把握し、短期的および中長期的な視点でクラウドサービスを利用するかどうかの方針を決定する必要がある。

◆クラウドサービス利用の方針は、経営戦略とリンクしている必要がある。特に、新規事業の展開、コンプライアンス、コスト削減など、企業としての戦略的な優先度とリンクしている必要がある。

◆経営戦略が変わった場合、クラウドサービス利用のポリシーも更新する必要がある。

◆クラウドサービス利用の規模や重要性に応じた管理態勢を構築する必要がある。態勢には、クラウドサービスを利用するビジネス部門だけでなく、経営層、リスク管理部門、IT 部門、ビジネス部門、内部監査部門なども含める必要がある。

◆クラウドサービス利用のプロセスを構築する必要がある。クラウドサービス利用の前にリスク評価を行い、利用計画〜選定〜契約〜運用管理〜サービス利用終了までのライフサイクル（プロセス）を構築する必要がある。

◆モニタリングを実施し、クラウドサービス利用について事後評価をする必要がある。

　具体的なイメージをもてるよう、上記の観点を踏まえた基本方針のサンプル例を以下に示します。もちろん、これは1つの例示でしかないため、必ずしもこの内容や粒度で記述する必要はありません。

クラウドサービス利用基本方針（サンプル例）

〜クラウドサービス利用基本方針〜

1. 目的

　当初は，当社を取り巻くビジネス環境の激しい変化に対応することが不可欠であり，データとデジタル技術の活用を推進し，企業の競争力を向上させる必要がある。そのため，システム開発，運用管理コストを削減し，ビジネスの変革によりビジネスの創出に注力できるクラウドへのリプレイスを積極的に推進し，併せて実現のスピードを加速させるものとする。

　　〜〜〜（略）

2. 管理態勢：

　クラウドサービス管理の実効力を高めるため，以下のフェーズにて必ず以下の部署による関与を義務づけることとする。

・案件審査：IT 管理部

・サービス導入後のモニタリング：内部監査部

　　〜〜〜（略）

3. 管理プロセス

　クラウドサービスの管理プロセスとして，①利用計画の策定　②クラウドサービス事業者の選定　③クラウドサービス事業者との契約締結・利用開始　④クラウドサービス事業者の運用管理　⑤クラウドサービスの利用終了，というクラウドサービス利用のライフサイクル全体にわたって管理を行う。

　各プロセスにおける実施内容は以下のとおりとする。

①利用計画の策定：クラウドサービス利用の業務，要件，目的，範囲，体制などの明確化

　　〜〜〜（略）

4. 本方針の承認と見直し：

本方針は，当社の取締役会により承認され，評価と見直しを定期的に実施し，継続的な改善を図るものとする。

　　〜〜〜（略）

(2) 基本方針に基づく管理態勢の検討，整備

「(1) クラウドサービス利用に関する基本方針の策定」において，クラウドサービス利用企業としての基本方針（ポリシー）を策定する上での検討事項について説明しましたが，ここではそのポリシーに従い，より実務的な基準（スタンダード）を作成するステップについて記述します。

基本方針の中で，企業戦略に沿った形でのクラウドサービス利用方針が定義され，その利用の範囲，重要度に応じたリスク管理態勢を整備することが要求されているとします。当然のことながら，重要度が高い業務においてクラウドサービスを利用する場合には，厳格なリスク管理態勢が求められます。一方，重要度が低い業務にてクラウドサービスを利用する場合には，簡易なリスク管理態勢でも十分とするといった判断が可能となります。

上記の観点より，クラウドサービス利用に関する基本方針に基づき，クラウドサービス利用のライフサイクルを管理するための具体的な基準を定めていく必要があります。また，ここではクラウドサービス利用を管理するための組織体制も構築することとなります。内外の環境変化（情報システム戦略の変化，外部の技術動向など）に基づき，管理態勢そのものの内容を適時に見直すことが可能な体制を整備することも求められます。利用基準の作成においては，以下の内容を検討する必要があります。

◆全社的なクラウドサービス利用に関する基本方針に基づき，クラウドサービス利用基準を策定すること。

◆クラウドサービス利用基準に関わる策定手続を，以下の観点より定めること。なお，クラウドサービス利用基準は，必要に応じて見直しを実施できるようにすること。

1) クラウドサービス利用の業務，範囲，要件，目的，体制などの明確化

2) クラウドサービス利用におけるリスクの評価（リスクの詳細は第3章を参照）

3）クラウドサービス利用計画書の作成

4）クラウドサービス利用に関わる関係者の合意

5）責任者による承認など

◆方針に基づいた具体的なクラウドサービス管理態勢を構築すること。その際に各部門の役割を明確にする。

　ここでも具体的なイメージとして，上記の観点を踏まえたクラウドサービス利用基準のサンプル例を以下に示します。

クラウドサービス利用基準（サンプル例）

```
　　　　　　　　　　～クラウドサービス利用基準～
第一章　総則
1-1 本規定の目的
1-2 本規定の適用範囲
　～～～（略）
第二章　クラウドサービス利用業務
2-1 クラウドサービス利用業務範囲
2-2 クラウドサービス利用要件
　～～～（略）
第三章　クラウドサービス管理態勢
3-1　クラウドサービス管理態勢
　クラウドサービス利用にあたっては，以下のような管理態勢を構築する
ものとする。
```

クラウドサービス管理態勢

　～～～（略）

3-2 クラウドサービス管理における役割と責任

・取締役会：経営戦略と整合するかを確認し，最終的なクラウドサービス利用の可否を決定する。

・IT 管理部：リスク評価結果を考慮し，クラウドサービス利用の可否を第一次の審査部門として審査する。

・営業部門 / 経理部門 / 総務部門：リスク評価を実施し，クラウドサービス利用の申請を行う。

・内部監査部：社内で規定したルールに従ってクラウドサービスが利用されていることを定期的にモニタリングする。

　～～～（略）

第四章　クラウドサービス利用計画

4-1 リスク評価の実施

4-2 クラウドサービス利用計画書の作成

　～～～（略）

第五章　モニタリング

5-1 クラウドサービス利用状況のモニタリング

　～～～（略）

　クラウドサービス利用にあたって，マネジメントレベルで実施すべき取り組みを紹介しました。この取り組みを行うにあたっては，実効性のない形式的なリスク管理とならないよう注意する必要があります。

　例えば，クラウドサービス利用基準を策定し，リスク評価の方法を定めたとしても，実際の運用においてリスク評価自体が実施されない，もしくは形式的な実施に留まるようなケースも起こり得ます。また，クラウドサービス利用によって実際に発生したリスクと事前のリスク評価の結果との間に差異がある場合，リスク評価の精度自体に疑問が残ることになります。

　このような事態を防ぐために，一度定めたクラウドサービス利用に関わる基本方針，基準において求められている内容が，実効性を伴っていることを確認するモニタリング（内部監査など）が必要となります。また，モニタリングの結果として，実効性に問題がある場合には，基本方針，基準自体を定期的に見直しすることも重要となります。

3.　ライフサイクルの各フェーズにおけるコントロール

　続いて，クラウドサービス利用時のライフサイクルの各フェーズにおけるコントロールを説明します（図表4-1）。それに先立ち，クラウドサービス利用における利用者側，事業者側の責任分界点を理解することが重要となります。

図表 4-1　本章で取り扱うコントロール

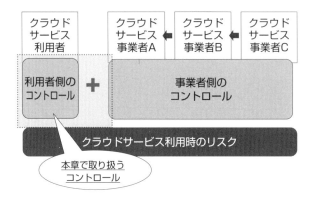

出所：各種ガイドラインの公開情報より

　一般的に，パブリッククラウド（一般ユーザーや企業など複数の利用者向けにクラウド環境を提供するクラウドサービスを指す。これに対して，企業が自社専用でクラウド環境を構築・運用するクラウドサービスのことをプライベートクラウドという）では約款に責任範囲が明記されているケースがあります。パブリッククラウドの IaaS では，通常，ハイパーバイザー（仮想化ソフト）の管理までが事業者側の責任範囲となっています。仮想化ソフト上に搭載される OS，データベース，アプリケーションの管理は利用者の責任となるため，データの保護などについても利用者側で検討する必要があります。なお，パブリッククラウドの PaaS，SaaS においては，クラウドサービスごとに事業者側と利用者側の責任範囲が異なるため，利用検討しているクラウドサービスの責任範囲がどうなっているのかを，把握することが重要です。

　ただし，クラウドサービス事業者が責任を担うコントロール内容について，事業者側に完全に依存することは望ましくありません。利用者は事業者による管理方法を十分に理解し，検討した上で，問題がないかを確認する必要が

あります。また，事業者のコントロール範囲外のものについては，当然利用者がコントロール内容を検討，管理しなければならなくなります。

それでは，そのコントロール内容を，どのように検討すればよいのでしょうか。クラウドサービスに関わるコントロールを検討する際に参考になるものが，システムの開発，運用業務を外部業者に委託する際の管理方法，つまり外部委託先管理の方法になります。なぜなら，基本的にクラウドサービスもシステムの管理業務を外部委託する形態の1つだからです。ただし，利用者側の「みえる」範囲内において外部業者の活動を監督，監視する一般的な外部委託先管理とは異なり，クラウドサービス事業者が提供するサービスを利用する場合，事業者による管理実態には，利用者側にとって「みえない」範囲が少なからず存在することになります。こうした範囲をクラウド特有のリスクとして認識し，自社が利用するサービスに求められるコントロール水準の観点から対策の要否を見極め，必要に応じた管理を適宜行うという姿勢がクラウドサービス利用における前提となります。

なお，とりあえずクラウドサービスを導入し，利用者側のリクエストに対する事業者側の対応内容を検討した上で，利用期間中に改めて交渉を行えばよいという考えは望ましくありません。こうした考え方は外部委託先管理の観点から相応しくないことに加え，想定外の事態に直面するリスクすらあります。

こうしたリスクを避けるためにも，クラウドサービス利用のライフサイクルの上流，すなわち利用計画時のリスク評価の段階で，クラウド特有のリスクも含めたサービス利用に伴うリスクを，サービス利用の開始から終了まで漏れなく洗い出した上で，利用者側のみでなく，事業者側が実施すべきコントロールについても事前に整理することが必要になります。

その上で，こうしたコントロール水準を満たすクラウドサービス事業者を選定し，サービス利用の契約，サービスレベルに関わる契約（Service Level Agreement：SLA，Service Level Objective：SLO など）の締結を行うこと，そしてサービス利用期間においては，サービスレベル契約内容が維

持されているかどうかを定期的にモニタリングすることが重要となります。

　加えて，クラウドサービス事業者の責任範囲外となるコントロールについても，利用者側で漏れなくコントロール内容を把握できているかを確認することが重要となります。

　それでは，上記の観点を踏まえ，クラウドサービス利用時のライフサイクルの各フェーズにおけるコントロールについて，以下の構成で解説したいと思います。

（1）クラウドサービス利用時のライフサイクルの各フェーズにおける
　　　コントロール上のポイント

　ここではクラウドサービス利用計画〜選定〜契約〜運用管理〜サービス利用終了といった，ライフサイクルごとのコントロール上のポイントを簡単に解説します。前述したように，クラウドサービスも外部委託の一形態と考えられるため，基本的には外部委託先を用いたシステム導入における一般的な注意点が参考となります。

（2）リスク評価アプローチ例

　クラウドサービス事業者にどこまでの対応を求めるのか，あるいはクラウドサービス利用企業がどこまで対応するのかを決めるためには，リスク評価を実施する必要があります。ここでは，リスク評価アプローチの一例を紹介します。

（3）クラウドサービス利用時のリスクの対策例

　リスク評価の結果を踏まえ，クラウドサービス事業者／利用者が実施すべきコントロール（対策）として，具体的にどのようなものがあるかについて，一例を紹介します。

（1）クラウドサービス利用時のライフサイクルの各フェーズにおけるコントロール上のポイント

　クラウドサービス利用時には，一般的に外部委託先を用いたシステム導入にかかる管理プロセス同様，図表4-2のようなライフサイクルが存在します。

図表4-2　クラウドサービス利用時のライフサイクル

　ライフサイクルの各フェーズにおけるコントロール上の重要なポイントは以下のようになります。

①利用計画の策定

　利用する個々のクラウドサービスにつき，詳細な利用計画を策定します。

◆マネジメントレベルで策定したクラウドサービス利用基準に基づき利用計画を検討，策定する。個々のクラウドサービス利用計画書には，次のような事項を含めること
　1）クラウドサービス利用の目的
　2）クラウドサービスを利用する範囲
　3）クラウドサービス利用期間
　4）クラウドサービス利用費用
　5）クラウドサービス利用により期待できる効果
　6）クラウドサービス利用によるリスクおよびリスク管理策
　7）クラウドサービス事業者に要求するコントロールの水準

8) クラウドサービス利用企業として必要なコントロールの水準

9) 委託形式

10) 責任者など

◆個々のクラウドサービス利用計画書の内容は，関係者（必要に応じて，取締役会などの経営層）の承認を得るようにすること

◆クラウドサービスに求める業務／システム要件を明確にすること

◆リスク評価を実施し，クラウドサービス事業者に要求するコントロール水準，およびクラウドサービス利用企業として必要となるコントロール水準を明確に決定すること（「(2) リスク評価アプローチ例」参照）

②クラウドサービス事業者の選定

　クラウドサービス利用計画書が関係者による承認を受けた後，クラウドサービス事業者を選定します。利用計画書に基づき，クラウドサービス事業者のサービス内容やセキュリティ対策等を複数で比較検討し，自社が求める要件，およびコントロール水準を充足できる事業者を選定した上で，関係者による合意，承認を得ることになります。

◆クラウドサービス事業者の選定基準を明確にし，クラウドサービス利用計画書との整合性をとること（具体的な選定基準は，「①利用計画の策定」時にリスク評価を実施し，クラウドサービス事業者に具体的に何をどこまで要求するのか（クラウドサービス事業者に要求するコントロール水準）が明確化されているため，その内容と整合性のとれた適切な事業者を選定すること）

◆選定候補のクラウドサービス事業者に対して，選定基準で定めた要求仕様を提示し，その内容の合意が可能かを確認すること

◆クラウドサービス事業者の選定にあたっては，選定基準やクラウドサービスの特性を考慮して，必要な関係者が参画して総合的に評価，検討するこ

と。また，代替案についても検討を実施し，残存リスクがある場合は，そのリスク評価を実施すること

◆クラウドサービス事業者の決定に際しては，選定理由を明確にし，関係者の合意，および必要に応じて経営層の承認を得ること

③クラウドサービス事業者との契約締結

クラウドサービス事業者の選定が完了した後は，対象事業者と契約締結に向けた調整を実施することになります。ただし，クラウドサービス事業者がこちらの求める条項の全てを受諾するとは限らないため，受諾不可となる諸条項について，いかに自社内で補完できるかという観点に基づく代替案を用意することが必要となります。

◆次のような手順に従い，クラウドサービス事業者との契約締結に向けた調整を行うこと
　1）クラウドサービス利用契約書の作成
　2）関係部署による契約内容のチェック
　3）法務部門などによる契約内容のチェック
　4）責任者による承認
　5）契約締結
　6）更新の方法
　7）契約書の保管
　　　等
◆クラウドサービス事業者との間で，コントロール水準を契約書（SLA，SLOなど）に明記し，クラウドサービス事業者と事前に合意すること
◆クラウドサービス事業者との間で調整できなかった契約条項については，自社の管理態勢によりカバーできるように，自社内で明確化すること（具体的なコントロールにより低減する，あるいは関係者による合意のもとで

リスクを受容するなど）

◆クラウドサービス利用中も，契約書などに盛り込んだ要件を満たしているかに関して，事業者による定期的な報告，あるいはサービス利用企業自身が実際に確認することが可能となるように，モニタリングについての取り決めを行い，契約書に盛り込むこと

◆契約締結後，提供されるサービス内容に変更が生じた場合，速やかに契約書（SLA，SLO など）の変更や追加覚書の締結など，文書による変更が行われる仕組みを構築すること

④クラウドサービスの運用管理

自社のコントロール水準に合致するクラウドサービス事業者と契約を交わし，サービスの利用を開始した後は，クラウドサービス運用においてクラウド利用に関わるリスクに対するコントロールが適切か否かをモニタリングすることが必要となります。このモニタリングにおいては，自社が実施しているコントロールの適切性はもちろんのこと，クラウドサービス事業者のコントロールが維持されているかどうかも確認する必要があります。

◆クラウドサービス利用企業（自社）で実施しているコントロールの有効性，効率性，運用状況を確認し，コントロールの改善の必要性を検討すること

◆クラウドサービス事業者と契約書などで合意した内容が，適切に維持されているかをモニタリングすること。また，その結果をもとにクラウドサービス事業者に対する評価を実施し，サービス利用を継続するか，何らかの改善を求めるか（サービス利用停止を含める）を検討すること

◆外部の専門機関などによるクラウドサービス事業者に対する監査結果を確認すること（再委託などが実施されている場合には，再委託元と同様に確認作業を実施すること。ISMAP クラウドサービスリスト（第5章「3. クラウドにおける各種評価・認証制度」の（7）政府情報システムのための

セキュリティ評価制度（ISMAP)参照）への登録状況を確認することで，クラウドサービスに求められるセキュリティ水準を満たしたクラウドサービス事業者を確認することができる）

◆クラウドサービス事業者からの報告および外部の専門家の監査結果などに基づき，次のような点について十分な分析，評価を行い，その結果をもとにクラウドサービス利用契約（SLA，SLO などの契約書）の見直しを実施すること

1) クラウドサービス事業者の業務に関わる進捗および品質管理状況
2) クラウドサービス事業者の内部管理体制（要員管理，セキュリティ管理など）
3) クラウドサービス事業者が提供するサービスにおいて発生した事故や問題
4) クラウドサービス利用のコスト
　　等

◆自社のコントロール確認結果，あるいはクラウドサービス事業者による報告内容に基づき，リスク評価時に洗い出したリスクへの対策漏れの有無の確認，および評価結果の見直しを実施すること

⑤クラウドサービスの利用終了

　クラウドサービス利用を終了することになった場合でも，単にサービス終了と片づけることはできません。クラウドサービス利用の実績に対する振り返りはもちろんのこと，利用終了に伴う自社情報資産の取扱いについて検討する必要が生じます。

◆クラウドサービス利用終了後，クラウドサービス利用の結果について次のような分析，評価を実施すること。また，評価結果は関係者に周知し，責任者が承認すること

1）クラウドサービス利用計画の達成状況

2）クラウドサービス事業者の評価

3）クラウドサービス利用企業（自社）の管理活動に対する振り返り

　　等

◆上記の分析，評価は，自社のクラウドサービス導入態勢に対する見直しの材料として利用するため，入念に検討すること

◆クラウドサービス利用終了後，クラウドサービス上に残されている自社のデータ，プログラム（バックアップも含む）が完全に廃棄されているかを確かめること（直接的な廃棄を確認できない場合は，廃棄証明書などによる法的証拠を含む。クラウドサービスではサービス利用を終了した場合でも自社のデータ，プログラムがクラウドサービス（あるいはバックアップデータ）上に残されている可能性があるため，特にこの点に注意する必要がある。

(2) リスク評価アプローチ例

　全てのクラウドサービスに対して，同一のコントロール水準を要求する必要はありません。なぜなら，一口にクラウドサービスの利用といっても，例えば，e ラーニングシステム，情報共有システムなどの社内向けシステムから，Web 会議システムやコールセンターシステムなどの対外的なサービスに関わるシステムまで，目的に応じたさまざまなサービスの利用形態が存在するからです。

　利用目的，形態が異なるクラウドサービスに関して同一のコントロールを一律に適用することは，きわめて非効率です。そのため，クラウドサービスの利用目的，形態によって異なるリスクの内容を検討した上で，必要なコントロールを判断するといった，適切なリスク評価アプローチの採用が重要となります。

図表4-3　リスク評価アプローチ例

①リスク評価
対象の分析　▶②リスクカテ
ゴリーの決定　▶③リスク評価
の実施　▶④コントロー
ル水準の検討　▶⑤コントロー
ルの実装

　リスク評価アプローチにはさまざまなものが存在しますが，ここでは図表4-3に示されるアプローチを一例として紹介します。

①リスク評価対象の分析

　リスク評価の前提として，まず評価対象を理解，分析することが重要となります。

　Cloud Security Alliance（CSA）[1] が公表する，クラウドセキュリティに関わるガイドラインにも記載されているとおり，クラウドサービスでサポートすべき情報資産は，①アプリケーション／機能／プロセス，および②データ（情報）という2つのカテゴリーに分類されます。

　①については，システム上のアプリケーションによる情報処理機能（あるいは機能全体としての情報処理プロセス），②については①により処理されるデータ類と考えることができます。

　したがって，クラウドサービス利用における，リスク評価対象の理解，分析に際しては，以下の2つの観点より分類を行うことが最も一般的となります。

①どのような情報処理機能をクラウドサービスへ移行しようとしているのか
②どのようなデータ類をクラウドサービスへ移行しようとしているのか

　このような観点で，評価対象を分析した例が図表4-4になります。

1）Cloud Security Alliance(CSA)：クラウドのセキュリティに関する調査研究と提言，教育活動を展開する国際的な非営利活動法人組織

図表 4-4　クラウドサービスリスク評価対象分析例

リスク評価対象の分類			
①どのような情報処理機能をクラウドサービスへ移行しようとしているのか			②どのようなデータ類をクラウドサービスに移行しようとしているのか
システムの利用目的 （業務，部門等）		具体的な情報処理機能	
システム名	利用目的		
Ａシステム	一般向け eラーニング	・教材の表示処理機能 ・回答の入力処理機能 ・正解有無の判断処理機能 ・正解の表示処理機能 ・・・	・教材データ（経営，財務上の機微データは含まれない） ・個々人による回答データ ・・・
Ｂシステム	管理職向け eラーニング		・教材データ（経営，財務上の機微データを含む） ・個々人による回答データ ・・・
Ｃシステム	顧客情報管理	・顧客データ処理機能(参照,更新,削除) ・・・	・顧客データ ・・・
・・・	・・・	・・・	・・・

　例えば，Ａシステム，Ｂシステムともその利用目的はeラーニングではありますが,移行対象となる情報処理機能,情報の重要度を利用目的のみによって評価することは危険だということに留意する必要があります。同一の利用目的であっても，Ｂシステムでは経営，財務上の機微データがeラーニング上で利用されるため，Ａシステムより高い情報の管理水準が求められます。また，情報処理機能についても，当該機能が自社開発による知的財産（営業秘密）であるような場合,それに適した管理水準を検討することが必要です。

②リスクカテゴリーの決定

　次に，リスク評価対象について，どのような観点（カテゴリー）で評価を行うべきかを決定します。

　情報セキュリティとしては，JIS Q27002：2014（ISO/IEC 27002：2013）に定められている「機密性」「可用性」「完全性」というカテゴリーにおいて，リスク評価を実施することが一般的です。

　また，クラウドサービス利用においては，国内の各種法規制（個人情報保護法や証券取引法など），および海外の法規制などを含め，クラウドサービス事業者によるコンプライアンスの遵守に向けた取り組みに関わる評価も重要となるため，「遵守性」というカテゴリーにおいて，リスク評価を実施することも重要です。各リスクカテゴリー例に関わる定義は図表4-5のとおりです。

図表 4-5　リスクカテゴリー例

カテゴリー	定義
機密性	データ，プログラムへのアクセスが正当な権限をもつ者に制限されないリスク
可用性	データ，プログラムが適時に利用できなくなるリスク
完全性	データ，プログラムが正確でないことにより，データの一貫性が適切に確保されないリスク
遵守性	国内外の各種法令，規制に抵触するリスク，またはクラウドサービス事業者が企業としてのコンプライアンスを遵守できず，利用企業が想定外の悪影響を被るリスク

③リスク評価の実施

　「機密性」「可用性」「完全性」「遵守性」という各リスクカテゴリーについて，これらのリスクが顕在化した場合に想定される組織全体，あるいは業務，システムへの影響度という観点より，High（H），Middle（M），Low（L）の三段階に基づき重要度レベルの分類を行います（図表4-6）。

　これまでに述べたとおり，各リスクカテゴリーにおける重要度はクラウドサービスにより実現させる対象業務，システムの内容に応じて異なるため，求められる適切な管理水準について関係者を交えた十分な検討の上，決定することが重要です。

図表 4-6　リスクの重要度レベル例

重要度レベル	説　明
H	組織の経営そのものにまで影響が出るもの。
M	該当業務やサービスに大きな影響が出るもの。
L	該当業務やサービスにおいて軽微な影響が出るもの。

　上記の前提に基づき，クラウドサービスのリスク評価を実施した結果の例が，図表 4-7 となります。

図表 4-7　クラウドリスク評価結果例

リスク評価対象の分類				リスクカテゴリー（リスク評価の観点）			
①どのような情報処理機能をクラウドサービスへ移行しようとしているのか			②どのようなデータ類をクラウドサービスに移行しようとしているのか				
システムの利用目的（業務，部門等）		具体的な情報処理機能		機密性	可用性	完全性	遵守性
システム名	利用目的						
A システム	一般向けeラーニング	・教材の表示処理機能 ・回答の入力処理機能 ・正解有無の判断処理機能 ・正解の表示処理機能	・教材データ（経営，財務上の機微データは含まれない） ・個々人による回答データ ・・・	L	M	H	L
B システム	管理職向けeラーニング		・教材データ（経営，財務上の機微データを含む） ・個々人による回答データ	H	M	H	H
C システム	顧客情報管理	・顧客データ処理機能（参照，更新，削除） ・・・	・顧客データ ・・・	H	H	H	H
・・・	・・・			・・・			

　例えば，e ラーニングシステムという同一の利用目的であっても，B システムでは重要な情報を取り扱っていることから，機密性というリスクカテゴリーにおける重要度は，A システムは「L」である一方，B システムは「H」となり，リスク評価結果が異なることになります。

　このように，①で示したような観点，すなわちクラウドサービスで実現する情報処理機能，および情報の内容，特性を個別に踏まえた観点をもとに，

各リスクカテゴリーに関わる重要度を検討，決定します。

④コントロール水準の検討

　リスク評価の結果に基づき，具体的なコントロールの内容を検討します。コントロールの検討の参考として，3章で取り上げた各リスクが「機密性」「可用性」「完全性」「遵守性」のいずれに関係するかについて，図表4-8にマッピングしました。なお，このマッピング自体は1つの例示であるため，あくまで参考として記載しています。

図表4-8　リスクカテゴリー / 各リスクのマッピング例

No.	クラウドサービス特有のリスク	リスク項目	リスク内容	機密性	可用性	完全性	遵守性	その他
01		外部者による不正アクセス	クラウドサービス事業者，クラウドサービス利用者のWebセキュリティ対策不足により不正アクセスが成立し，情報漏洩，改竄が発生するリスク	○		○	○	
02		データ転送への攻撃	データ伝送時に情報漏洩が発生するリスク。また，中間者攻撃によりデータ伝送時に情報漏洩が発生するリスク	○			○	
03	(1)	他の共同利用者の影響	特定利用者への攻撃が，クラウドサービス利用者全体へ影響を及ぼすリスク	○	○	○	○	
04	(2)	テナント分離	テナントIDの利用により，不正アクセスによる情報漏洩やリソースの不足が発生するリスク	○				
05		仮想化技術	仮想化技術の利用により，不正アクセスによる情報漏洩やリソースの不足が発生するリスク	○	○			
06		暗号化	暗号化通信を適切に使用していないことによる情報漏洩，改竄が発生するリスク　クラウドサービス事業者，クラウドサービス利用者がそれぞれ管理する暗号鍵の管理不備による情報漏洩，改竄が発生するリスク	○		○	○	
07		分散管理	分散処理の利用により情報漏洩やデータの不整合が発生するリスク	○		○	○	
08		クラウドサービス利用終了	クラウドサービスの利用終了時に，必要なデータの取得または不要データの削除が行えないリスク	○			○	
09		ログ取得	クラウドサービス事業者，クラウドサービス利用者にてそれぞれ取得すべき必要なログが保全されておらず，インシデント発生時の原因究明が行えないリスク	○	○		○	
10		データの完全性	データがリアルタイムで一貫性を確保できないリスク			○		

11		データおよびプログラムの変更	意図しないプログラムおよびデータの更新が実施されるリスク リリース前資産（システムイメージ）にセキュリティホールが不正に埋め込まれ，リリースが実施されるリスク		○	○		
12		バッチジョブ	意図しないバッチジョブの更新が実施されるリスク		○	○		
13		サーバーの設置場所	サーバーの設置場所によって，サービス提供が制限されるリスク		○	○	○	
14		システムリソース	クラウドサービス事業者のシステムリソース不足やクラウドサービス利用者のキャパシティプラン未整備により，障害発生時や高負荷時の可用性が低下するリスク		○	○		
15		DoS/EDoS攻撃	DoS攻撃によるサービス停止のリスク，およびEDoS攻撃による不正課金が行われるリスク	○	○	○		
16		ネットワーク	ネットワーク品質の影響により可用性が低下するリスク		○			
17		BCP（事業継続計画）	BCP(事業継続計画)が作成されておらず障害復旧が困難となるリスク		○	○		
18	(7)	海外の法規制	海外の法規制に影響を受けるリスク 法律や当局の規制が変化し既存の管理，対応では不十分になるリスク	○	○	○		
19	(9)	国内の法規制	国内の法規制に影響を受けるリスク 法律や当局の規制が変化し既存の管理，対応では不十分になるリスク	○	○	○		
20		非合法のデータの蓄積	他の共同利用者と同一のシステム内に非合法のデータが存在し，データ押収などに巻き込まれるリスク	○	○	○		
21	(3)	監査実施上の問題	必要な監査がクラウドサービス事業者により実施されない，またはクラウドサービス利用者が実施できないリスク	○	○	○	○	○
22	(4)	知的財産権	自社のデータ，または自社開発プログラムの所有権が自社に帰属しないことにより，クラウドサービス事業者または他のクラウドサービス利用者に無断利用（侵害）されるリスク	○			○	
23		企業イメージを損なうリスク	クラウドサービス事業者のセキュリティ事故，障害の発生に伴い，クラウドサービス利用者（企業）の評判が低下してしまうリスク					○
24		クラウドサービス事業者の経営状態	クラウドサービス事業者の経営状況により，継続的にサービスが利用できなくなるリスク		○	○		○
25		サポート対応，メンテナンス画面	クラウドサービスの稼働状況のタイムリーな把握ができず，パフォーマンスおよびサービスレベルの低下を検知できないリスク		○	○		
26		ライフサイクルコスト	事業規模やデータの転送量，ライセンスの適用台数によっては，当初の想定を大幅に超えるコストが発生するリスク ライフサイクルコスト（利用期間，および利用期間中に発生するコスト）やアプリケーションのクラウドとの親和性の観点から，クラウド化によるメリットを得られないリスク					○

No		名称	リスク					
27		ビジネスプロセスへの影響	クラウドサービスのカスタマイズが十分に行えないことによってビジネスプロセスが影響を受けるリスク					○
28	(10)	ベンダーロックイン	他のクラウドサービス事業者への切り替えが困難となる，あるいは切り替えた場合の業務水準の維持が困難となるリスク	○	○	○	○	○
29		自社の技術，業務ノウハウの流出，喪失	自社の技術，業務ノウハウがサービスプロバイダーへ流出し，既存オペレーションのアドバンテージを失うリスク 技術，業務ノウハウの蓄積が困難となるリスク					○
30		リソース，インフラの高集約によるインシデントの影響の拡大	利用者，サービスの高集約，共有化により，大規模障害が派生，拡大するリスク		○	○		
31	(5)	クラウドサービス事業者間の責任，役割分担	クラウドサービス事業者間の責任分界点が明確でないため，障害発生時などに適切な対応が行われないリスク		○	○		
32	(6)	ガバナンスの喪失	クラウドサービス事業者に十分なガバナンスが存在しないことにより，クラウドサービス利用者に悪影響を及ぼすさまざまな問題が発生するリスク	○	○	○		
33	(8)	正規のプロセスを経ないクラウドサービスの導入	ユーザー部門が情報システム部門などの責任部署の了解を得ず，クラウドサービスを利用してしまうリスク	○	○	○	○	
34		クラウドサービス利用者による情報漏洩	クラウドサービスの利用における情報管理ルールを，クラウドサービス利用者が明確に整備，運用できないことによる情報漏洩，流出のリスク	○				
35		サービスレベル	サービスレベルの内容に利用者が不利な内容が含まれる，あるいは契約後のサービスレベル内容の見直しが適時に行えず，求めるサービス水準が適切に維持できなくなるリスク	○	○	○		
36		クラウド管理アカウントを利用した攻撃	クラウド管理アカウントへの対策（管理，監視）が不足し，クラウド利用環境が攻撃者に乗っ取られるリスク	○	○	○		
37	(11)	クラウドサービスのアップデート	クラウドサービスのアップデートに対して，利用者側が適切な処置を実施せずセキュリティレベルが維持できなくなるリスク	○	○	○		
38	(12)	クラウドサービス利用者のナレッジ不足	クラウドサービス固有のナレッジ不足に起因して設定不備や誤操作を実施してしまい，システム環境や情報を保全できない，あるいは可用性を維持できなくなるリスク	○	○	○		
39	(13)	クラウドサービス利用の多様化に伴う利用管理	複数のクラウドサービスを利用することにより，システム管理や監視など，運用が煩雑化するリスク	○	○	○		
40		ライセンス管理	BYOL管理（クラウドサービス事業者以外で調達したソフトウェアライセンスの管理）が複雑化し，ライセンス違反してしまうリスク				○	

例えば，R-01「外部者による不正アクセス」というリスクは，「機密性」のリスクカテゴリーに属します。したがって，Aシステムにおける「機密性」の重要度レベルを「L」と評価した場合，「外部者による不正アクセス」というリスクに対しては，重要度レベル：「L」に適したコントロールを実施すべきということになります（なお，「機密性」のリスクカテゴリーに属する場合は，個人情報保護法などの法制度に違反する可能性も発生しますので，ここでは「遵守性」のリスクカテゴリーにも属するという分析をしています）。

　このように，重要度に応じて，次の「(3) クラウドサービス利用時のリスク対策例」で述べているような内容を検討し，クラウドサービス事業者に対する要求事項およびクラウドサービス利用企業として実施すべきコントロールを明確化します。

　なお，「その他」のリスクカテゴリーに分類された以下のリスク項目については，クラウドサービスを利用する企業として経営，事業戦略の観点より管理すべきものであるため，マネジメントレベルで検討することが必要となります。こうしたリスクが顕在化することに伴う影響例は図表4-9のとおりです。

　例えば，具体的に，R-29「自社の技術，業務ノウハウの流出，喪失」について考えてみましょう。

　クラウドサービスを利用する場合，システム開発，運用管理業務，あるいは業務プロセス構築の多くをクラウドサービス事業者へ移管することができる一方，これらの業務をとおして今まで自社内部に蓄積してきた，共有可能な技術，業務上のナレッジ，ノウハウは手放さざるを得ないという状況になります。

　このようなリスクについては，個別のクラウドサービス利用に際して都度検討するのではなく，経営層にて，自社のナレッジを蓄え，強みとするポイントと，外部サービスを利用して簡素化するポイントを，自社の戦略として整理しておくことが望まれます。

図表 4-9　「その他」のカテゴリーに該当するリスク項目

No	リスク項目	リスクの顕在化に伴う影響の例
23	企業イメージを損なうリスク	クラウドサービスを利用している自社の社会的な評判が低下する
24	クラウドサービス事業者の経営状況	利用不可となったシステムを自社で再構築しなければならず，想定外のコストが発生する
26	ライフサイクルコスト	クラウドサービスの利用コストが当初の想定より増加し，期待していた経済的なメリットが得られなくなる
27	ビジネスプロセスへの影響	操作性，機能面のカスタマイズが十分に行えず，業務の効率性，生産性が低下する
28	ベンダーロックイン	他事業者が提供するサービスへの移行に際して自社でシステムの再構築が必要になることで，想定外のコストが発生する
29	自社の技術，業務ノウハウの流出，喪失	自社固有のノウハウ，ナレッジが他社へ流出し，企業としての競争力が低下する

⑤コントロールの実装

　最後にコントロールの実装になります。前述のとおり，クラウドサービス事業者への要求事項（コントロール）であれば，クラウドサービス選定時におけるサービスレベルの検討段階において実施します。また，クラウドサービス利用企業として実施すべき事項であれば，サービス利用開始前までに必要なコントロールを整備，実装することになります。

（3）クラウドサービス利用時のリスク対策例

　前述したように，クラウドサービス利用時のコントロールにおける重要なポイントは，リスク評価時にクラウドサービス利用に関わるリスクを漏れなく洗い出し，各リスクに対して十分な対策を検討した上で，クラウドサービス事業者によるリスク対策の水準がこれらの検討結果を満たすことができるか否かを評価し，できない場合は自社による管理態勢によりカバーできるようにすることにあります。

　ここでは，第3章で取り上げた各リスクの評価に際して，クラウドサービ

ス事業者が実施する具体的なリスク対策にはどのようなものが存在するのか，またクラウドサービス利用者側の管理態勢として検討すべき内容にはどのようなものが存在するかについて，一例を挙げています。当然，具体的なリスク対策は下記に挙げた対策以外にもさまざまなものが考えられるため，あくまでも例示として記載しています。

No.	リスク項目	リスク内容	具体的なリスク対策例
01	外部者による不正アクセス	外部者による不正アクセスにより情報漏洩，改竄が発生するリスク	【クラウドサービス事業者およびクラウドサービス利用者】外部からの不正アクセスに対する以下のネットワーク装置もしくはサービスを設置し，外部アクセスに対する不正検知対策を実施している。 ≫ファイアーウォール ≫ IDS（Intrusion Detection System） ≫ IPS（Intrusion Prevention System）
02	データ転送への攻撃	データ転送時に攻撃を受けることにより情報漏洩が発生するリスク	【クラウドサービス事業者】 ・以下のデータ転送攻撃に対する技術的な対策を実施している。 ≫セッションハイジャック ≫中間者攻撃 ≫なりすまし ≫サイドチャネル攻撃 ≫リプレイ攻撃 【クラウドサービス利用者】 クラウドサービス事業者が提供する SSL サーバー証明書が保証する Web ブラウザの種別について，自社クライアント端末環境との適合性を検討する。
03	他の共同利用者の影響	クラウドサービスを利用する他の共同利用者により影響を受けるリスク	【クラウドサービス事業者】 ・他の共同利用者による不正なアクセスの結果が自社に影響を与えないようにするための対策を実施している。 ・悪意ある第三者による他の共同利用者へのサービス攻撃によってもシステムパフォーマンスが低下しないよう，割り当てるシステムリソースを個別に分離，独立させる仕組み（プライベート化，シングルテナント化）を構築している。

04	テナント分離	テナント分離の仕組みが十分に構築されないことにより，不正アクセスによる情報漏洩やリソースの不足が発生するリスク	【クラウドサービス事業者】 ・テナント分離（テナントID型／仮想化型）に伴う，不正アクセス，リソース不足に関わる適切な技術的な対策を整備している 【クラウドサービス利用者】 ・クラウドサービス事業者のテナント分離方法を理解し，その脆弱性に関して分析を行う。 ・仮にIDなどによってシステムへのアクセス制限を実施している場合には，外部に知られないようにIDの適切な管理を実施する。
05	仮想化技術	仮想化技術の設定ミスや脆弱性などにより，情報漏洩や可用性が低下するリスク	【クラウドサービス事業者】 ・仮想化インフラの管理端末へのアクセス管理策を実施している。 ・仮想OSに関わるハイパーバイザー権限の管理態勢を整備している。 ・仮想OS，アプリケーションへのパッチをタイムリーに適用するルールを整備している。 ・仮想化技術に関わるシステム設計プロセスに，誤謬を予防，発見する統制が機能している。
06	暗号化	暗号化技術が適切に利用，管理されないことにより，情報漏洩，改竄が発生するリスク	【クラウドサービス事業者】 ・データの重要度に応じた強度をもつ暗号鍵（共通鍵，公開鍵）を提供している。 ・暗号鍵の管理プロセスを整備している。 ・セキュリティリスクに応じた，暗号鍵やアルゴリズムの見直し，およびクラウドサービス利用者への周知に関わるポリシーを策定している。 【クラウドサービス利用者】 ・データの重要度に応じた強度をもつ暗号鍵（共通鍵，公開鍵）を選択している。 ・暗号鍵の管理プロセスを整備している。
07	分散管理	分散処理の利用により情報漏洩やデータの不整合が発生するリスク	【クラウドサービス事業者】 ・分散技術により管理されるデータの物理的，論理的な所在を明確に識別できる仕組みを構築している。 ・予期せぬデータの不整合が発生しないよう，複数のサーバー間で分散処理されるデータの同期処理プロセスを適切に設計・運用している。 【クラウドサービス利用者】 ・クラウド上に存在するプログラム，データ，バックアップデータなどの消去確認を行う。

08	クラウドサービス利用終了	クラウドサービスの利用終了時に，必要なデータの取得または不要データの網羅的な削除が行えないリスク	【クラウドサービス事業者】 ・クラウドサービスの利用終了時に，クラウド上に存在するプログラム，データ，バックアップデータなど，クラウドサービス利用者に帰属する情報類の返却手続，あるいは削除に伴う証明文書の提供プロセスや削除手続を整備している。 【クラウドサービス利用者】 ・クラウド上に存在するプログラム，データ，バックアップデータなどの消去確認を行う。
09	ログ取得	必要なログが取得されておらず，インシデント発生時の原因究明が行えないリスク	【クラウドサービス事業者】 ・クラウドサービス事業者が管理しているログの種類，範囲，保管期間などをポリシーとして策定している。 ・クラウドサービス事業者が管理しているログについて，利用者が必要に応じて利用できるスキームを整備している。 【クラウドサービス利用者】 ・クラウドサービス利用者が取得するログの種類，範囲，保管期間等をポリシーとして策定した上で，ログの取得を実施している。
10	データの完全性	データがリアルタイムで完全性を確保できないリスク	【クラウドサービス事業者】 ・クラウド上でのデータの完全性を維持，確保するための内部管理態勢を整備している。
11	データおよびプログラムの変更	意図しないプログラムおよびデータの更新が実施されるリスク，または不正なシステムイメージがリリースされるリスク	【クラウドサービス事業者】 ・プログラムまたはデータ変更に関わる内部管理プロセスを整備している。 ・未承認のデータおよびプログラム変更が発生しないプロセスを設計，運用している。 ・プログラム変更に際した保守作業に関わる利用者通知ポリシーを策定している。 【クラウドサービス利用者】 ・リリースにおけるプロセスの整備を実施し，各チェックポイントで適切なログを取得する。 ・リリースプロセスならびにリリース資産を保護するために，アカウントやネットワークにおけるアクセス制限を実施する。
12	バッチジョブ	意図しないバッチジョブの更新が実施されるリスク	【クラウドサービス事業者】 ・ジョブまたはジョブスケジュール変更に関わる内部管理プロセスを整備している。 ・未承認のジョブまたはジョブスケジュール変更が発生しないプロセスを設計，運用している。

13	サーバーの設置場所	サーバーの設置場所によって，サービス提供が制限されるリスク	【クラウドサービス事業者】 ・サーバーが設置されたデータセンターのロケーションを開示している。 ・サービスの提供時間，およびサービス利用不可時間に関わるポリシーを策定している。
14	システムリソース	システムリソースの不足，または障害によりクラウドサービスの可用性が低下するリスク	【クラウドサービス事業者】 ・サーバーの分散化，冗長化対策など，サービスの可用性を維持する仕組みを構築している。 ・サービスの集中利用に伴い，システム処理容量が設計時点の想定を超え，パフォーマンス低下を招いた場合の対応プロセスを設計，運用している。 ・利用者の増加予測に基づくシステムスケールアップの検討手順を定めている。 【クラウドサービス利用者】 ・システムで必要となる可用性を整理し，その可用性に沿った設計，実装を実施している。 ・通常時，高負荷時において必要となるシステムリソースをプランニングしている。 ・利用するクラウドサービスのハード／ソフトリミットを把握しており，リミットを超過しないことを定期的に確認している。 ・高負荷を想定したシステムテストを実施している。
15	DDoS/ EDoS 攻撃	DDoS 攻撃によるサービス停止のリスク，およびEDoS 攻撃による不正課金が行われるリスク	【クラウドサービス事業者】 ・DDoS 攻撃による回線帯域幅の枯渇防止に関わる技術的な対策を導入している。 ・EDoS 攻撃により膨大な従量課金の料金が発生した場合の，利用者への費用免除などの救済措置の権利を保証している。 【クラウドサービス利用者】 ・DDoS 攻撃対策が，クラウドサービス利用者側の管理範囲である場合，DDoS 攻撃を軽減および回避するための技術的対策（サービス）を導入している。
16	ネットワーク	ネットワーク品質の影響により可用性が低下するリスク	【クラウドサービス事業者】 ・クラウドサービスで使用されるネットワーク接続の信頼性（ネットワーク帯域の拡張化あるいは冗長化）を確保する仕組みを構築している。 ・クラウド基盤管理のためのリモートアクセスに関わる管理プロセスを設計，運用している。 【クラウドサービス利用者】 ・ネットワーク帯域（仮想サーバーに設定している仮想ネットワークインターフェースの通信速度）を選択可能なサービスにおいて，要件を満たすサービスを選択している。

17	BCP（事業継続計画）	BCP（事業継続計画）が作成されておらず災害，障害復旧が困難となるリスク	【クラウドサービス事業者】 ・さまざまなリスクシナリオに基づく災害訓練およびその結果に基づく対策の高度化を実施している。 ・再委託先を利用している場合，災害復旧に関わる再委託先との責任分界点を明確にしている。 ・バックアップシステムへの切り替え／切り戻しプロセスが設計されている。 【クラウドサービス利用者】 ・クラウドサービスが利用できなくなった場合の業務継続計画，手順を策定する。
18	海外の法規制	海外の法規制により，サービス利用に際するさまざまな制約を受けるリスク	【クラウドサービス事業者】 ・データを物理的に保存している現行データセンターのロケーション（バックアップも含む全てのデータ保持ロケーション）に関する情報を公表している。 ・データセンターロケーションの追加，変更に際した，利用者に対する通知プロセスが整備されている。 ・損害賠償請求など，トラブル発生時における司法当局の管轄（裁判準拠法）を公表している。 【クラウドサービス利用者】 ・現行のデータセンターロケーションに関わる国外の法規制の動向を調査し，業務への影響度を評価する。 （法令例） ≫EUデータ保護規則（General Data Protection Regulation） ≫CLOUD Act ≫カリフォルニア州消費者プライバシー法（CCPA：California Consumer Privacy Act）
19	国内の法規制	国内の法規制により，サービス利用に際するさまざまな制約を受けるリスク	【クラウドサービス事業者】 ・外部委託先（再委託先，再々委託先など含む）に預けている情報に関わる管理プロセスが設計，運用されている。 【クラウドサービス利用者】 ・個人情報をはじめとして，委託元の管理責任を有する情報を外部（再委託先含む）に預ける場合の対応プロセスを設計，運用する。 ・関連する国内法令，ガイドラインによる影響範囲を評価，検討する。
20	非合法のデータの蓄積	他の共同利用者と同一のシステム内に非合法のデータが存在し，データ押収などに巻き込まれるリスク	【クラウドサービス事業者】 ・同一データベースにおいて，他の共同利用者のデータとの混在が発生せず，自社データへのアクセスが発生しないテナント分離の仕組みを実装している。 ・法執行機関による物理媒体の強制押収に備え，特定の利用者の記憶領域だけを独立した媒体に記録する仕組みを構築している。

21	監査実施上の問題	必要な監査がクラウドサービス事業者により実施されない，またはクラウドサービス利用者が実施できないリスク	【クラウドサービス事業者】 ・自社のクラウドサービスに対する，第三者機関による監査を定期的に実施の上，その結果を報告書（SOC 1，SOC 2 など）として開示している。 ・自社以外のクラウドサプライチェーン先が提供するサービスに対する監査を実施している。 ・利用者の要求に応じた，自社クラウドサービスへの監査を認めている。 ・法規制要件や契約上の義務に関わる遵守を遂行する仕組みを構築している。 【クラウドサービス利用者】 ・サービス導入に伴う，自社の監査計画への影響（見直しの要否など）を検討する。 ・クラウドサービス事業者が提供する，第三者機関による監査結果報告が，自社の監査要件（会計監査やシステム監査など）に適合するかを検討する。
22	知的財産権	自社のデータ，または自社開発プログラムの所有権が自社に帰属しないことにより，クラウドサービス事業者または他のクラウドサービス利用者に無断利用（侵害）されるリスク	【クラウドサービス事業者】 ・クラウドサービス利用者が蓄積したデータあるいは開発したプログラムの所有権，二次利用権に関わるポリシーを策定している。 ・クラウドサービス事業者／クラウドサービス利用者による開発成果物の責任分界点を明確にしている。 【クラウドサービス利用者】 ・クラウドサービスにおけるデータ，プログラムの所有権がクラウドサービス事業者に帰属する場合，自社開発した成果物の無断利用，乱用を制限する個別の法的契約を結ぶことが可能か否かを検討する。
23	企業イメージを損なうリスク	クラウドサービス事業者のセキュリティ事故，障害の発生に伴い，クラウドサービス利用者（企業）の評判が低下してしまうリスク	【クラウドサービス事業者】 ・企業としての財務状況を明示している。 ・企業としての中長期的なサービス提供ポリシーを明示している。 ・クラウドサービスの品質管理基準や品質管理のポリシーを明示している。 ・セキュリティ事故，障害発生に際した，企業としての説明責任を果たすための仕組みが構築されている。
24	クラウドサービス事業者の経営状態	クラウドサービス事業者の経営状況により，継続的なサービス利用が維持できなくなるリスク	【クラウドサービス利用者】 ・クラウドサービス事業者の経営継続が困難になる場合などを想定し，他のクラウドサービス事業者あるいは自社内製システムによる業務継続の代替策を計画する。 ・ソフトウェア・エスクロウ（プログラム引渡）の締結要否を調査する。 ・データ漏洩，サービス停止，セキュリティインシデントなど，業務への影響範囲に応じた賠償，補償の保証内容を調査する。

25	サポート対応, メンテナンス 画面	クラウドサービスの稼働状況のタイムリーな把握ができず,パフォーマンスおよびサービスレベルの低下を検知できないリスク	【クラウドサービス事業者】 ・利用者の多国性および利用時間の多様性を想定した,サポート対応サービスを準備している。 ・クラウドサービス利用者がクラウドサービスの稼働状況を適時に確認できる環境を提供している。 【クラウドサービス利用者】 ・クラウドサービス事業者が提供するクラウドサービスの稼働状況を確認するためのダッシュボードを定期的に確認する。 ・クラウドサービス事業者が提供するヘルプデスクの問い合わせ対応能力(対応可能時間帯,レスポンスタイム等)を理解し,それに基づいた運用を構築している。
26	ライフサイクルコスト	クラウドサービスの導入に伴う想定どおりのコスト削減が実現できないリスク	【クラウドサービス利用者】 ・クラウドサービス利用に伴うライフサイクルコストを以下の観点より点検し,パッケージ購入や自社開発など,その他のシステム調達時と比較してクラウドサービス利用の経済合理性を評価する。 ≫ハードウェアコスト ≫ソフトウェアライセンスコスト ≫保守コスト ≫人件費 ≫有料施設(データセンターなど)のコスト ≫税金,資本費,利息 等 ・クラウドサービス利用における戦略的なプランニングを実施した上で,クラウドサービスの利用ステージに応じた適切なクラウドサービスを選択している。 ・クラウドサービス事業者が提供するクラウドサービスの機能を理解し,システム構築やサービス利用コストを定期的に確認し,システム見直しを実施している。
27	ビジネスプロセスへの影響	クラウドサービスのカスタマイズが十分に行えないことによって,ビジネスプロセスが影響を受けるリスク	【クラウドサービス事業者】 ・クラウドサービス利用者に対するカスタマイズ可能範囲(拡張性)に関わるポリシーを策定している。 【クラウドサービス利用者】 ・クラウドサービスの導入に伴うビジネスプロセス(業務プロセス)への影響を分析する。

28	ベンダーロックイン	他のクラウドサービス事業者への切り替えが困難となる、あるいは切り替えた場合の業務水準の維持が困難となるリスク	【クラウドサービス事業者】 ・利用者ニーズに適合しなくなるなどの理由により，他のクラウドサービス事業者へサービス移行を行う場合，アプリケーションプログラムや蓄積したデータの移行に関わる支援態勢を整備している。 【クラウドサービス利用者】 ・他のクラウドサービス事業者に移行する際の移行ツールの有効性を検証する。
29	自社の技術，業務ノウハウの流出，喪失	自社の技術，業務ノウハウがクラウドサービス事業者へ流出し，既存オペレーションのアドバンテージを失うリスクおよび技術，業務ノウハウの蓄積が困難となるリスク	【クラウドサービス利用者】 ・クラウドサービスを利用することによって失う技術やノウハウを明確化する。
30	リソース，インフラの高集約によるインシデントの影響の拡大	クラウドサービスの高集約化により，大規模な障害が連鎖的に拡大するリスク	【クラウドサービス事業者】 ・障害監視，対応プロセスが設計，運用されている。 ・障害の重要度，発生規模，影響範囲に応じた内部／外部関係者への報告，連絡プロセスが設計，運用されている。 【クラウドサービス利用者】 ・クラウドサービスの可用性や稼働環境（地域）を選択できるサービスを利用している場合，クラウドサービスの利用状況に応じたインスタンスを稼働できるよう設計，運用している。 ・クラウドサービスの稼働状況を監視し，高負荷および障害発生に応じて稼働リソースを変更できるように運用を組み込んでいる。
31	クラウドサービス事業者間の責任，役割分担	クラウドサービス事業者間の責任分界点が明確でないため，障害発生時などに適切な対応が行われないリスク	【クラウドサービス事業者】 ・複数のクラウドサービス事業者を利用してサービスを提供している場合，各事業者における役割分担，責任範囲を明確にしている。 ・再委託，再々委託の追加，変更に際しては，クラウドサービス利用者に事前通知を行うポリシーを策定している。 ・サプライチェーン先が提供する SLA に含まれるサービスの内容，セキュリティ要件およびサービスレベルを監督，レビューする仕組みを構築している。

32	ガバナンスの喪失	クラウドサービス事業者に十分なガバナンスが存在しないことにより，クラウドサービス利用者に悪影響を及ぼすさまざまな問題が発生するリスク	【クラウドサービス事業者】 ・クラウドサービスを含む，企業内のリスク管理方針を策定した上で，当該方針に基づくモニタリングを継続的に行うことで，リスク管理のプロセスを改善する態勢を整備している。 ・リスク管理状況について，内外の利害関係者に適時に伝達する仕組みを構築している。
33	正規のプロセスを経ないクラウドサービスの導入	ユーザー部門が情報システム部門などの責任部署の了解を得ず，クラウドサービスを利用してしまうリスク	【クラウドサービス利用者】 ・クラウドサービス利用時における，経営層や情報セキュリティ委員会などによる，適切な関係者によるレビュー，承認プロセスが設計，運用されている。 ・業務部門へのルールの周知徹底やクラウドに関するリスクについての研修が適切に行われている。 ・システム管理部門や内部監査部門によるルール違反の確認が定期的に行われている。
34	クラウドサービス利用者による情報漏洩	クラウドサービスの利用における情報管理ルールを，クラウドサービス利用者が明確に整備，運用できないことによる情報漏洩，流出のリスク	【クラウドサービス利用者】 ・利用者の情報リテラシーに即した観点から，クラウドサービス利用に際したルールを整備し，ルールに基づく利用を周知する。
35	サービスレベル	サービスレベルの内容に利用者に不利な内容が含まれる，あるいは契約後のサービスレベル内容の見直しが適時に行えず，求めるサービス水準が適切に維持できなくなるリスク	【クラウドサービス利用者】 ・契約時に SLA の内容を適切にレビューする。 ・クラウドサービス事業者と契約締結後の，サービスレベル（SLA/SLO）の見直しに関わるポリシーの有無を確認する。
36	クラウド管理アカウントを利用した攻撃	クラウド管理アカウントへの対策（管理，監視）が不足し，クラウドサービス利用環境が攻撃者に乗っ取られるリスク	【クラウドサービス利用者】 ・利用するクラウド管理アカウントの権限が最小限となっている。 ・利用するクラウド管理アカウントのアクセスが制限されている（MFA，IP アドレス制限）。 ・クラウド管理アカウントの利用モニタリングを実施している。

37	クラウドサービスのアップデート	クラウドサービスのアップデートに対して，利用者側が適切な対処を実施せずセキュリティレベルが維持できなくなるリスク	【クラウドサービス利用者】 ・クラウドサービスのアップデート情報をタイムリーに取得する仕組みを設けている。 ・クラウドサービスのアップデートのためのメンテナンス方法（メンテナンス時間の確保，ローテーションアップデート等）を定めている。 ・クラウドサービスのセキュリティ対策にかかる新規機能がリリースされた場合は，その新規機能の導入要否を検討する仕組みを設けている。
38	クラウドサービス利用者のナレッジ不足	クラウドサービス固有のナレッジ不足に起因して，システム環境や情報を保全できないリスク	【クラウドサービス利用者】 ・システムリリースにおいて，クラウドサービスの設定不備を確認，評価している。 ・システム運用において，クラウドサービスの設定不備を監視している。 ・クラウドサービスごとに有識者もしくは有識グループを育成，構築している。
39	クラウドサービス利用の多様化に伴う利用管理	複数のクラウドサービスを利用することにより，システム管理や監視など，運用が煩雑化するリスク	【クラウドサービス利用者】 ・各クラウドサービス利用において必要となる管理内容，監視項目等を整備している。 ・クラウドサービスの運用，監視を集約する仕組みを構築している。
40	ライセンス管理	BYOL管理が複雑化し，ライセンス違反してしまうリスク	【クラウドサービス利用者】 ・インスタンスの増減に応じたライセンス管理を実施している。

上記のような，リスク管理策を検討した上で，クラウドサービス事業者にどこまでコントロールを要求するのか，あるいは，クラウドサービス利用企業としてどこまでのコントロールを整備するべきかを決定することになります。

4.　おわりに

　本章ではクラウドサービス利用に関わるリスクをどのようにコントロールすべきかについて解説しました。

　最も重要なポイントは，リスク評価時にクラウドサービス利用に関わるリスクを漏れなく洗い出し，必要となるコントロールの水準，内容を明確化することにあります。クラウドの場合はサービスの内容が具体的になっているため，利用に際して事前に利用の要件を決めずにサービスの良し悪しを検討する例が多くみられます。これが実際の利用時に問題が発生する主因の1つとなりますので，本章で記した手順に基づいて利用を行うことを推奨します。

第5章

クラウドサービス事業者の
リスク対策・情報公開について
（評価・監査・認証制度）

1. はじめに

　第3章では，クラウドサービス利用時には，クラウドサービス利用者／事業者間の責任分界点を明確にすることが重要であるという点について，また第4章では，責任分界点を理解した上で利用者として対応すべきリスクについては自社でコントロールを整備する必要がある一方，事業者がクラウドリスクに対してどのような対応をしているのかについて確認することも重要であるという点について説明しました。

図表 5-1　クラウドリスクの責任分界点

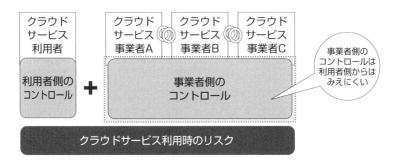

出所：PwC あらた有限責任監査法人による

　しかしながら，競争力の低下を招くこと，またクラウドサービスのセキュリティリスクを高めることが考慮され，事業者側のリスク対策はあまり一般には開示されていません（図表5-1）。一部の事業者は自社のリスク対策に関する情報公開の取り組みに励んでいますが，内容の複雑さ，客観性の理由等から利用者がその内容を十分に理解・納得することは困難です。では，事業者がクラウドサービスの提供に関わるリスクに対してどのような取り組みを実施しているかを適切に把握する方法はないのでしょうか。

　本章では，クラウドサービス事業者側のリスク対策の現状，および情報公

開の取り組みを紹介することをとおして，利用者がクラウドサービス事業者によるリスク対策をどのように把握できるのかについて解説します。

2.　クラウドサービス事業者のリスク対策

　クラウドサービス事業者がクラウドサービスの提供に関わるリスクに関してどのような取り組みを行っているかについて説明する上で，まずは事業者のリスク認識例について紹介します。

　利用者が，クラウド化する自社サービスの重要性を考慮した上で事業者を選定する必要があることと同様，事業者においても，自社の提供するクラウドサービスがどのような利用者（企業・個人，あるいは業種等）を対象にしているのかによって，実施すべきリスク対策の水準は異なっています。

　例えば，金融機関向けのクラウドサービスは，利用者である金融機関自体が金融当局からさまざまな規制・監督が行われているということもあり，クラウドサービス事業者自身もそのことを意識し，しっかりとしたリスク管理の取り組みを行っているケースが多いといえます。

　一方で，業種を限定しないクラウドサービスでは，金融機関に特化したサービスと比較して，そのリスク対策の水準が低いケースも存在します。

　リスク対策の水準が高くなれば利用者が支払うコストも増加するため，一長一短ではありますが，クラウドサービスでどのような業務を行い，どのようなデータ（例えば個人情報など）を処理するのかなど，利用者のニーズに則したクラウドサービス事業者を選ぶことが重要といえるでしょう。

　では，クラウドサービス事業者は提供するサービスに応じたリスクを認識した上で，一般的にどのような取り組みを実施しているのでしょうか。以下において簡単に説明します。

(1) PDCA サイクルの整備・運用

リスクの識別・対応，および対応結果の評価・是正等，システムリスクを認識した上で対策を改善していく仕組み，つまり，PDCA サイクルの整備，運用はクラウドサービス事業者にも求められます。例えば，あるクラウドサービス事業者では，他のクラウドサービスの障害・事故の発生等の情報を入手すると，同様の事象が自社で発生しないとも限らないため，これを自社環境の変化と捉え定期的にリスク対策を評価・改善する仕組みを整備しています。

(2) SLM の取り組み

SLA（Service Level Agreement）というと，稼働率，障害復旧時間等，定量的な数値項目をイメージしてしまうかもしれませんが，定性的な項目，つまりサービス提供する上で管理すべきリスクに関わる対策の水準についても含まれているケースがあります。また，自社の責任範囲を明確にするとともに適切にサービス提供を行っていることを担保するため，サービスの提供実績に応じて SLA の内容を見直し，サービス水準の高度化に向けた SLM（Service Level Management）の取り組みを遂行しているクラウドサービス事業者も存在します。

例えば，あるクラウドサービス事業者では，サービスの利用者 ID・権限の付与に関わる管理水準についても SLA の項目に含めた上で，不正な ID・権限の利用有無等，当該対策の実施状況を報告することをとおしてサービス水準の改善を図っていく仕組みを整備しています。

(3) 再委託先管理の実施

クラウドサービス事業者の中には，自社が提供するサービスの一部に他事業者のクラウドサービスを組み込むことでサービス運営を行っている，つまりは再委託を行っているケースもあります。こうした場合，クラウドサービス事業者としては再委託範囲も含めて自社のサービス管理水準を維持する必

要があるため，再委託先の事業者が委託元の求める管理水準を充足している
かについてモニタリングを実施した上で，改善に向けた指導を行う取り組み
が必要となります。例えば，あるクラウドサービス事業者では，再委託先が
自社のクラウドサービスの一部を請け負うに際して達成すべき管理水準を方
針として定め，その方針とのギャップを評価した上で逸脱している場合には
改善を促す等，一定以上の管理水準を再委託先に維持させるためのモニタリ
ング活動を実施しています。

（4）各種ガイドラインへの準拠

　前述の取り組みは管理態勢の維持に関わるものとなりますが，個々の管理
策の内容が十分でない場合，どれほど管理態勢を充実させても実効性を確保
することはできません。よって，クラウドサービス事業者が行っている管理
策をガイドラインに準拠するかという観点から検討し，整備することが重要
となります。現在日本国内で出されているクラウドに関係する代表的なガイ
ドラインとして，以下のものがあります（図表5-2）。

図表5-2　各種ガイドライン概要

ガイドライン名	発行元	ガイドライン概要
金融機関等コンピュータシステムの安全対策基準・解説書	公益財団法人 金融情報システムセンター（The Center for Financial Industry Information Systems：FISC）	・金融機関向けのガイドライン ・「統制基準」「実務基準」「設備基準」「監査基準」の4編で構成されている
医療情報システムの安全管理に関するガイドライン	厚生労働省	・医療に関わる情報を取り扱うシステム及びそのシステムの導入，運用，利用，保守及び廃棄に関わる人及び組織を対象としたガイドライン
医療情報を取り扱う情報システム・サービスの提供事業者における安全管理ガイドライン	総務省，経済産業省	・医療機関等との契約等に基づいて医療情報システム等を提供する事業者に向けたガイドライン
政府機関等の情報セキュリティ対策のための統一基準群	内閣サイバーセキュリティセンター（National center of Incident readiness and Strategy Cybersecurity：NISC）	・サイバーセキュリティ基本法第25条第1項第2号に定める国の行政機関，独立行政法人及び指定法人向けのガイドライン

出所：各種ガイドラインの公開情報より

　これらのガイドラインは認定するための制度ではありませんが，クラウドサービス事業者の中でも情報発信に積極的な一部の事業者の中には，ガイドラインを遵守するのみでなく，その遵守状況を外部に公開し，ガイドラインへの対応状況をアピールしているケースが存在します。そのような情報をクラウドサービス事業者選定の1つの材料とすることは，非常に有用であるといえるでしょう。

3.　クラウドサービスにおける各種評価・認証制度

　前節で説明したさまざまなリスク対策はクラウドサービス事業者内部の取り組みであり，一般的に，利用者がその具体的な内容を把握することは難しいといえます。では，利用者は適切なリスク対策が講じられているクラウドサービス事業者をどのように選別すればよいのでしょうか。

　最も簡単な方法は，事業者による Web サイト等で公開されている情報を参考にすることです。クラウドサービス事業者によっては，セキュリティ対策やコンプライアンス対応についてのホワイトペーパーやガイドラインへの対応状況を公開し，その中で自社の取り組みについて細かく言及しているケースもあります。ただし，これらの情報は事業者から一方的に発信される情報であるため，そのまま鵜呑みにすることはできません。

　このような背景のもと，自社の取り組みをより客観性をもって利用者に伝えることはできないかと考え，前述の情報発信に加え，第三者による評価・認証制度の利用をとおして，より信頼性の高い方法で自社の取り組みの公開に努めているクラウドサービス事業者が増加しています。そのため，利用者は，第三者による評価・認証状況を1つの目安として，サービス検討先のクラウドサービス事業者によるリスク対策の実施状況を把握することが可能となっています。

　こうした評価・認証制度は，「レポート系」と「認証系」の2種類に大きく分類することができます。

　「レポート系」は，クラウドサービス事業者によるリスク管理の取り組み内容に対して外部の第三者が独立した立場から評価を行い，評価結果をレポートとして取りまとめたものです。利用者としては事業者による取り組みの詳細，課題の所在を把握することが可能ですが，レポートの内容を適切に理解する知識が求められます。

　一方，「認証系」はクラウドサービス事業者によるリスク管理の取り組み

内容について，外部の認証機関が，一般に開示されている要求項目に対する充足の有無という観点から評価を行い，評価結果に基づき認証の取得可否を審査するものです。この場合は，利用者にはクラウドサービス事業者が認証を取得しているかどうかということのみが開示され，個別具体的な管理の内容は未開示となります。しかし，少なくとも一般に開示されている要求項目を満たしているという安心感は得られます。

「レポート系」「認証系」のいずれも，クラウドサービス事業者がリスク管理策を行っていることを第三者が客観的に評価するという意味で目的は同じです。しかし，ここで問題となるのが，こうした評価・認証制度の内容が一般の利用者には分かりにくいという点です。逆にいえば，評価・認証制度の内容，対象等を正しく理解することが，利用者のニーズに適した事業者選定を行うための第一歩になるということでもあります。

ここでは，代表的な評価・認証制度について紹介します。

まずは，米国公認会計士協会が主導する仕組みとして，「SOC 報告書」（System and Organization Controls Report）が挙げられます。特定の業務を外部から受託する企業（つまりは外部委託業者）における内部統制の有効性について，外部の監査人が独立した立場から客観的な評価を行い，その結果を公開するというスキームです。SOC 報告書は，評価の範囲・目的・内容に応じて，SOC 1 から SOC 3 までの 3 つに分類され，それぞれ異なる評価基準に基づいています。

(1) SOC 1

SOC 1 は財務報告に係る内部統制を評価することを目的としたもので，「レポート系」に該当します。従来は SAS70（Statements on Auditing Standards No.70）として知られていたものですが，近年，国際的なルールに準じた方式に改訂されました。評価基準は，米国公認会計士協会（AICPA）より，

SSAE18（Statement on Standards for Attestation Engagements No.18）とし
て公開されています。また，同等の基準として，国際監査・保証基準審議会
（IAASB）による国際保証業務基準 3402 号（ISAE3402）がわが国において
も日本公認会計士協会（JICPA）による保証業務実務指針 3402『受託業務
に係る内部統制の保証報告書に関する実務指針』という形で公表されていま
す。

　評価範囲については，特定の時点における内部統制の整備状況を評価する
「Type1」，および特定の対象期間における内部統制の整備・運用状況を評価
する「Type2」が存在します（図表 5-3）。SOC 1 の報告書には外部委託業者
による内部統制やコントロール内容についての説明と，外部の監査人による
内部統制の個々の評価手続，評価結果が記載されています。

図表 5-3　Type1/Type2 の評価範囲の違い（例）

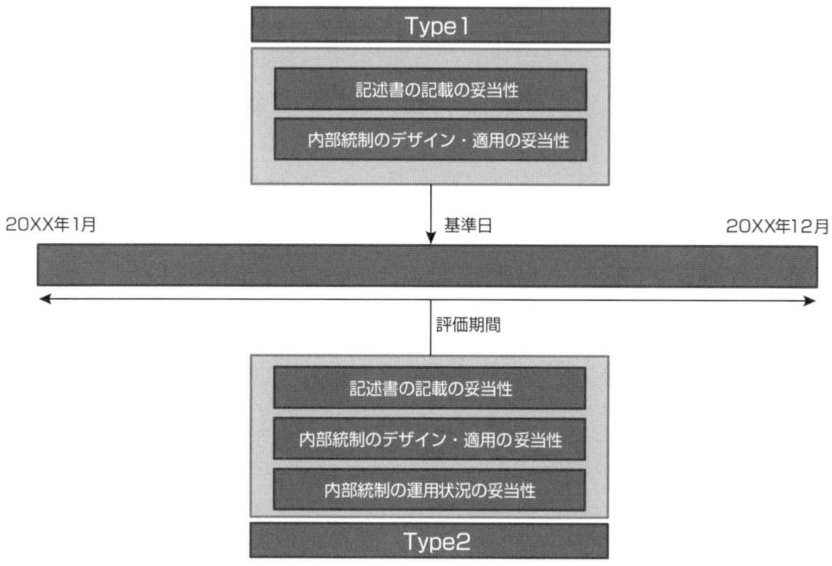

出所：PwC あらた有限責任監査法人による

クラウドサービス利用者にとっては，単に監査法人によってクラウドサービス事業者のコントロール内容が保証されるというだけでなく，具体的なコントロールの内容を一定レベルで把握できるという点が魅力ですが，SOC 1は，あくまで評価範囲が財務報告に係る内部統制であるという点がポイントです。つまり，クラウドサービス利用者における会計監査や内部統制監査上の利用度は大きいですが，安全性や信頼性の確認という目的では，限定的にしか使えません。

(2) SOC 2

　SOC 2 は，財務報告に係る内部統制以外の5つの領域，つまり業務システムのセキュリティ，可用性，処理のインテグリティ，機密保持，プライバシーに係る内部統制の評価を目的とするもので，「レポート系」に該当します。評価基準は，米国公認会計士協会（AICPA）より，Trust サービス規準（Trust Service Criteria）として公表されています。国内では日本公認会計士協会（JICPA）による保証業務実務指針3850（IT委員会実務指針第9号）が公表されています。SOC 1同様,評価範囲に応じた「Type1」「Type2」が存在し，報告書には個別のコントロール内容，その評価手続，評価結果が記載されています。

　クラウドサービス事業者のコントロールについて把握するという観点においては，SOC 2が最も適しており，以前は知名度が高くありませんでしたが，金融機関のFISC（金融情報システムセンター）の「金融機関等コンピュータシステムの安全対策基準」に記載されたことから普及が進んできています。

(3) SOC 3

　SOC 3 は，SOC 2同様，財務報告に関わる内部統制以外の5つの内部統制の評価を目的とするもので，「レポート系」に該当します。ただし，SOC 1/SOC 2とは異なり，内部統制の個々の評価手続・評価結果をまとめた報告書

は開示（配布）されません。総括的な評価結果に関わる意見のみが記載された報告書は，自社のホームページ等で閲覧することが可能です。

　SOC 3もクラウドサービス利用者にとっては，必要と思われる範囲の内部統制をカバーしているという点において有効ですが，コントロールの内容が開示されていないため，SOC 2と比較すると，有用性は低くなります。

　前述のとおり，SOC 1/SOC 2は，クラウドサービス事業者における個々の内部統制自体が開示されている上に，外部の監査人がどのような手続に基づき評価を行っているのかについても把握することが可能です。そのため，利用者はその内容を吟味して，自社が要求するコントロール水準を満たしているかどうかを判断することができ，非常に有用性が高いといえるでしょう。一方で，報告内容を十分に理解するためには，一定以上の専門的な知識が必要になります。また，報告書の内容自体が必ずしも利用者に有用な水準まで記載されていないケースもありえますので，その際はクラウドサービス事業者にその点を進言すべきでしょう。

　SOC 3は，特に専門知識を要さず，一般に求められる管理基準に対して，クラウドサービス事業者の取り組みが要件を満たしているという心証を得られるというメリットがある一方，個別具体的なコントロール内容が開示されないために，自社が特に気にしているポイントがどのように満たされているかまで把握することができません。

　このように，SOC報告書はそれぞれ評価の範囲，目的，内容が異なるため，これらを利用する場合は業務重要度や利用の目的などの観点から，利用者がクラウドサービスに求めるリスク管理要件を事前に整理した上で，その目的と合致するものを選択することが望まれます。

　続いて，国内の認定制度について紹介します。

(4) P（プライバシー）マーク制度

　事業者が個人情報の取扱いを適切に行う体制を整備していることを認定する制度で，「認証系」に該当します。P マークの付与対象は国内に活動拠点をもつ法人で，日本工業規格である『JIS Q 15001 個人情報保護マネジメントシステム―要求事項』に基づく個人情報保護の適切な取扱いに関わる体制を整備している必要があります。

　ただし，当制度は上記要求事項に特化しているため，クラウドサービス利用者が事業者の内部統制に広く依拠したいと考える場合に，全面的に利用できるものではない点に注意する必要があります。

(5) ASP・SaaS の安全・信頼性に係る情報開示認定制度 /IaaS・PaaS の安全・信頼性に係る情報開示認定制度

　利用者がクラウドサービスを選定する際に必要となる，サービスの安全性・信頼性に係る情報を適切に開示している事業者を認定する，一般財団法人マルチメディア振興センターが提供する制度です。認定にかかる審査対象項目は，ASP/SaaS の場合，総務省所管『ASP・SaaS の安全・信頼性に係る情報開示指針』，IaaS/PaaS の場合，同省所管『IaaS・PaaS の安全・信頼性に係る情報開示指針』における情報開示項目に基づいています。

　なお，当認証制度は，他の認証制度のように第三者が事業者の経営状況やサービスの管理水準の適切性について評価を行い，結果としてコントロールが適切に運用されていることを評価するものではなく，財務状況，資本関係・取引関係，コンプライアンス体制など，事業者に関わる情報群，サービス品質や料金体系，サーバーの設置場所やサポート体制など，および，提供サービスに関わる情報群が十分に開示されているかという点を評価しています。

(6) クラウド情報セキュリティ監査制度（JASA）

　特定非営利活動法人日本セキュリティ監査協会（Japan Information Security

Audit Association：JASA）配下のクラウドセキュリティ推進協議会（JCISPA）により制定された，クラウドセキュリティに特化した監査制度です。本制度では，クラウドサービス事業者が行うべき情報セキュリティマネジメントの取り組みを策定し，当該事業者の取り組み状況に対して，機密性／可用性／完全性の3つの評価軸から監査が適切に行われているか否かを評価する仕組みとなっています。一定の要件を満たした情報セキュリティ対策，および監査が行われていると判断された場合，クラウドセキュリティマーク（CSマーク）が付与されます。

　この制度では，経済産業省の『クラウド情報セキュリティ管理基準』というクラウドサービス特有の技術的な課題に対応した管理方法を策定しています。この管理基準は，ISO/IEC 27001，27002，27017 をベースにクラウドサービスの専門家の知見を加えて作成されています。また，それを監査する明確な基準となる『クラウドセキュリティ監査基準』を定めたことが，この制度の大きな特徴の1つとなっており，監査基準が明確になったため，従来の認証制度と比較してより信頼性の高いものになっています。

　また，この制度のもう1つの特徴として，監査としての信頼性を確保しつつコストの削減を実現する仕組みがあります。具体的には，クラウドサービス事業者自らが内部監査を実施しセキュリティ対策の有効性を評価することにより，シルバーマークが付与されます。さらに，外部監査により，問題がないことが確認されるとゴールドマークが付与されます。この外部監査においては，外部の監査人が直接クラウドサービス事業者のセキュリティ対策の有効性を評価するのではなく，内部監査の実施結果が十分であることを評価することにより，間接的にクラウドサービス事業者のセキュリティ対策の有効性を評価しています。このような形態をとっている理由としては，直接外部監査人がクラウドサービス事業者のセキュリティ対策の実施状況を確認する場合と比較して外部監査にかかるコストの削減が可能になることが挙げられます。

　結果として，監査コストを低く抑えつつ，かつ外部の第三者の確認を入れ

ることにより，コスト削減や信頼性の向上といった効果が期待できることから，従来の認証制度の問題点を解消した制度となっています。

（7）政府情報システムのためのセキュリティ評価制度（ISMAP）

2018 年 6 月 7 日各府省情報化統括責任者（CIO）連絡会議決定として『政府情報システムにおけるクラウドサービスの利用に係る基本方針』が出され，政府機関が利用する情報システムは原則としてクラウドサービスとするというクラウド・バイ・デフォルト原則が示されました。

このような原則に対応するため，政府機関として安心して利用できるクラウドサービスを評価・登録するニーズが高まりました。その結果，内閣官房（内閣サイバーセキュリティセンター・情報通信技術（IT）総合戦略室），総務省，経済産業省を制度所管官庁として 2020 年 6 月より開始されたのが政府情報システムのためのセキュリティ評価制度（Information system Security Management and Assessment Program：ISMAP）です。

本制度においては，まず外部の評価機関がクラウドサービス事業者のセキュリティ対策を評価し，評価結果をクラウドサービス事業者に提出します。クラウドサービス事業者は当該評価結果とともに複数の申請書類を制度運営機関に提出し，運営機関での審査を経た後クラウドサービス登録簿へ掲載されるという流れになります。クラウドサービスを利用しようと考えている政府機関は，原則として，当該登録簿に掲載されたクラウドサービスから調達（選定）を実施することになります（図表 5-4）。

この制度の特徴としては，下記の 5 点が存在します。

① 評価・登録簿への掲載はクラウドサービス単位
② クラウドサービスおよびセキュリティ対策が把握できる言明書
③ 多数の制度をベースとした管理策
④ あらかじめ定められた評価手続
⑤ 評価は毎年実施

図表 5-4　ISMAP 制度の調達までの流れ

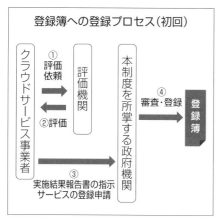
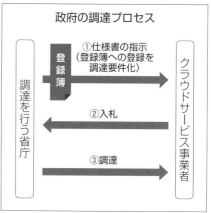

出所：政府情報システムのためのセキュリティ評価制度（ISMAP）について（内閣官房・総務省・経済産業省）より抜粋編集

①評価・登録簿への掲載はクラウドサービス単位[1]

　後述する ISMS 適合性評価制度等は組織単位で認定をとるものですが，本制度はクラウドサービス単位で評価・登録されることになります。

②クラウドサービスおよびセキュリティ対策が把握できる言明書[2]

　本制度では，クラウドサービス事業者より，本制度の対象となるクラウドサービスの概要やセキュリティ対策の概要を示した「言明書」と呼ばれる書類が提出され，広く公開されることになります。言明書の内容は前述の SOC 1 や SOC 2 ほどの粒度ではないものの，クラウドサービス事業者のセキュリティ対策の概要や統制環境の概要を把握することが可能になります。

---

1) ISMAPクラウドサービス登録規則より
2) ISMAPクラウドサービス登録規則より

③多数の制度をベースとした管理策 [3]

　本制度では，クラウドサービス事業者が実施すべきセキュリティ対策として「ISMAP管理基準」が存在します。当該管理基準は，ISO/IEC 27001，27002，27014，27017，内閣サイバーセキュリティセンター（NISC）政府機関等の情報セキュリティ対策のための統一基準，NIST（National Institute of Standards and Technology）Special Publication 800-53から構成され，非常に多くの要求事項が存在します（図表5-5）。

図表 5-5　ISMAP 管理基準の構成

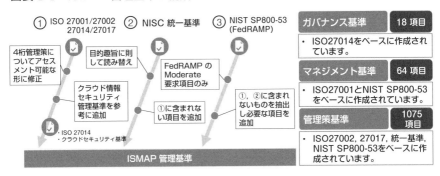

出所：政府情報システムのためのセキュリティ評価制度（ISMAP）管理基準より抜粋編集

④あらかじめ定められた評価手続 [4]

　本制度では，外部の評価実施者が実施する評価手続が全て定められています。これは他の制度では評価の水準が評価実施者の裁量に任されているケースが存在し，評価実施者により十分な評価が実施されない可能性があるという問題に対応するためです。具体的には，管理策ごとに5種類の監査対象のいずれかが選択され，各監査対象の内容により実施すべき手続が定められています（図表5-6）。

3）ISMAP管理基準より
4）ISMAP標準監査手続より

図表 5-6　主たる監査対象と監査手続の構成（一部抜粋）

主たる監査対象[※1]	評価の種類	監査技法	監査手続
規程，手順書等	整備	質問	コントロールオーナーに質問し，コントロールオーナーが［詳細管理策］の存在を知り，［詳細管理策］を実施していることを確認する。
		閲覧	主たる監査対象【文書】を閲覧（レビュー）し，主たる監査対象【文書】に，［詳細管理策］が記載されていることを確認する。
		閲覧	主たる監査対象【文書】が，組織として検証（承認）され，関係者が常に閲覧可能な状況になっていることを確認する。

※1　主たる監査対象は「規定，手順書等」「根拠となる文書・記録等①サンプルテストを実施しないもの（設計書，仕様書等）」「根拠となる文書・記録等②サンプルテストを実施するもの（申請書，承認記録，システムログ，台帳等）」「根拠となる設定（パラメータ，ステータス，コマンド等）」「設備・建物等」の5種類が存在する。ここでは，「規定，手順書等」に該当する監査手続を参考として掲載

出所：政府情報システムのためのセキュリティ評価制度（ISMAP）標準監査手続より抜粋編集

　なお，外部評価の有効性を高めるため，管理策ごとの具体的な評価手続の内容は外部評価機関にのみ開示されています。

⑤評価は毎年実施[5]

　本制度では，一度登録されたクラウドサービスの有効期間が登録の対象となった監査の対象期間の末日の翌日から1年4ヵ月後までとされており，このタイミングに対応するためには毎年評価を実施する必要があります。

　また後述するように，諸外国で実施されているクラウドサービスの認定制度と管理策・評価の水準を同水準に維持しながら，評価・審査に関係するコ

5）ISMAPクラウドサービス登録規則より

ストを最小限までに抑える（後述のFedRAMP等への対応は数億円のコストがかかるといわれています）ような工夫がされた制度となっており，今後海外各国との相互認定制度実現に向けた制度としても非常に意味があるといえるでしょう。また，本制度による審査を通過したクラウドサービスについては情報処理推進機構（Information-technology Promotion Agency：IPA）のサイトで公開されるため，政府機関によるクラウドサービス調達時に利用されるだけではなく，民間企業におけるクラウドサービス調達の参考情報にもなると推察されます。

次に，グローバルでの認定制度を紹介します。

(8) ISMS 適合性評価制度

ISMS（Information Security Management System）とは，組織を取り巻く情報セキュリティリスクの重要度を評価した上で，適切な管理策を実施するとともに，その実施結果に応じて対策の見直しを適時に図るための組織としての情報セキュリティマネジメントシステムのこと（具体的には，情報セキュリティに関するPDCAサイクルが適切に整備・運用されていること）です。ISMS適合性評価制度とは，事業者がこのISMSに適合しているか否かについて，JIS Q 27001（ISO/IEC 27001）という基準に基づき，ISMS-ACが認定した認証機関が評価を行う制度であり，「認証系」に該当します。2018年4月からはJIPDECからISMS-ACに認定業務だけを独立させ，運営しています。

情報セキュリティに特化しているという点において，当制度はPマークに比してクラウドサービス事業者の選定に際しての有用性は高いといえます。しかし，当制度においては自社によってリスク評価した結果に基づくコントロール水準を適切に守っているかが認証取得のポイントとなるため，外部からは具体的にどのようなコントロール水準が設定されているかがみえな

いという点が懸念事項として挙げられます。したがって，利用する業務に高いレベルの機密性を必要とする場合においては，他の評価・認証の取得状況と併せて確認する，あるいはクラウドサービス事業者のコントロール水準を直接確認するといった対応が必要です。

　なお，Pマーク制度，およびISMS適合性評価制度は一見類似した内容にみえますが，以下のとおり，評価対象となる範囲・情報等，さまざまな面で異なっています（図表5-7）。

図表5-7　ISMSとPマーク制度の比較

	ISMS適合性評価制度	Pマーク制度
JIS規格	JISQ27001	JISQ15001
評価対象範囲	企業全体〜部署単位まで可	企業全体
評価対象となる情報	評価対象範囲における情報資産（ハード，ソフト）全般（個人情報も含む）	企業における，顧客・従業員にかかる全ての個人情報
要求内容	情報資産の重要性（機密性・可用性・完全性）に応じた情報セキュリティリスク管理	個人情報の適切な取扱い（取得，利用，提供，廃棄，安全管理，苦情対応等）
更新頻度	3年ごと（年次の継続審査あり）	2年ごと

出所：各制度の公開情報より

　そのため，これらの制度を利用しているクラウドサービス事業者の管理態勢を検討する際には，利用者が本来必要となる評価対象範囲を網羅できているかを確認する必要があります。

(9) ISO/IEC 27014

　ISO/IEC 27014は，組織における情報セキュリティガバナンスの概念や原則，活動に関するガイダンスとして発行された国際標準規格です。組織のタイプや規模によらず適用可能とされています。この規格では，情報セキュリ

ティガバナンスを「組織の情報セキュリティ活動を指導し，管理するシステム」と定義し，情報セキュリティガバナンスの目的を3つ挙げています。

①戦略の整合：情報セキュリティの目的および戦略を，事業の目的および戦略に合わせる。
②価値の提供：経営陣および利害関係者に価値を提供する。
③説明責任：情報リスクに対して適切に対処されていることを確実にする。

そして，情報セキュリティを統治するためのプロセスとして，評価，指示，モニタ，コミュニケーションおよび保証の5つを定義しています。

①評価：現在のプロセスおよび予測される変化に基づくセキュリティ目的の現在および予想される達成度を考慮し，将来の戦略的目的の達成を最適化するために必要な調整を決定するプロセス
②指示：経営陣が，実施する必要がある情報セキュリティの目的および戦略についての指示を与えるプロセス
③モニタ：経営陣が戦略的目的の達成を評価することを可能にするプロセス
④コミュニケーション：経営陣および利害関係者が，双方の特定のニーズに沿った情報セキュリティに関する情報を交換する双方向のプロセス
⑤保証：経営陣が独立した客観的な監査，レビューまたは認証を委託するプロセス

(10) ISO/IEC 27017

　情報セキュリティ管理の国際標準規格である ISO/IEC 27017 は 2015 年 11 月に初めて策定されました。本規格は，クラウドサービスのための情報セキュリティマネジメントを実装，運用するための管理策が取りまとめられています。

　本規格は ISO/IEC 27001 の拡張管理策として作成されており，ISO/IEC 27001 の認定を取得することが前提となる制度となっています（ISO/IEC 27017 の認定取得と同時に ISO/IEC 27001 の認定を取得することは可能）。

　本規格は，ISO/IEC 27002 の情報セキュリティ対策を行うための管理策，および経済産業省が 2011 年に公開した『クラウドサービス利用のためのセキュリティマネジメントガイドライン』に基づき作成されたものです。

　本規格の特徴は，クラウドサービスを提供する事業者（Cloud Service Provider：CSP）とクラウドサービスを利用する企業（Cloud Service Customer：CSC）それぞれで実施すべきことが定められており，両者で認定を取得できるようになっています。また，本規格の管理策＝要求事項の特徴は下記のとおりとなります。

【クラウドサービス事業者（CSP）向けの管理策の特徴】

①クラウドサービス特有の技術的な対策（例えばテナント分離など）を実施すること

②クラウドサービス利用者向けに，クラウドサービス管理機能を提供すること

③クラウドサービス利用者向けに，クラウドサービスのセキュリティ対策などの情報提供をすること

【クラウドサービス利用者（CSC）向けの管理策の特徴】

①クラウドサービス事業者の管理範囲，管理内容についての情報収集を実施すること

②クラウドサービス事業者の管理策内容で不足する場合には利用者側で対策を実施すること

　第 3 章，第 4 章でも説明したとおり，クラウドサービスにおいては，クラ

ウドサービス利用者 / 事業者間の責任分界点を明確にし，責任分界点を理解した上で利用者として対応すべきリスクに対して自社でコントロールを整備する必要がある一方，事業者がリスクに対してどのような対応をしているのかについて確認することも重要であるという理由から，このような要求事項となっています。

（11）ISO/IEC 27018

ISO/IEC 27018 とは，国際標準化機構（ISO）より 2014 年に発行されたクラウド環境における個人情報保護に関する初の国際規格です。本規格は，情報セキュリティ管理策の実践のための規範として広く利用されている国際規格 ISO/IEC 27002 に基づいて，クラウド上で取り扱われる個人情報を保護するためのベストプラクティスを提供しています。

正式名称は，PII プロセッサとして，パブリッククラウド上の個人が特定できる情報（PII）の保護に関する実践的規範とされており，クラウド上の個人情報を保護するための管理策が規定されています。

情報セキュリティ全般に関するマネジメントシステム規格である ISO/IEC 27001 の仕組みにこの ISO/IEC 27018 の管理策を追加することで，クラウド上の個人情報保護にも対応した情報セキュリティマネジメントシステムを構築することができます。

（12）PCI DSS（Payment Card Industry Data Security Standards）

加盟店・決済代行事業者が取り扱うカード会員のクレジットカード情報・取引情報を安全に取り扱うことを目的として制定されたグローバルなセキュリティ基準に基づく認定制度です。国際的なカード企業が共同設立した PCI SSC（Payment Card Industry Security Standards Council）によって運用管理されています。

　カード情報の取扱形態や，取扱件数の規模，または，以下の3つの方法のいずれか，あるいは組み合わせにより，PCI DSSへの対応状況が評価・認証されます。

①自己問診：PCI DSSの要件にかかるアンケート形式の質問票に回答する

②サイトスキャン：PCI SSCが認定したセキュリティベンダーが脆弱性のスキャニングテストを行う

③訪問調査：PCI SSCが認定した審査機関が直接訪問調査を行う

　PCI DSSはカード業界の統一基準ですが，情報セキュリティにかかる具体的な要件が詳細に定義されている認証制度は他に類をみないため，カード業界以外の業態における利用も進んでいます。また，クラウドサービス事業者もPCI DSSの認証を取得している場合があります。クラウド上にクレジットカード情報を取り扱うシステムを構築する場合，PCI DSS認定を取得しているプラットフォームを利用することで，クラウドサービス利用者は認証を取得・維持する負担を軽減することも可能ですが，特定のオプションや設定の選択が必要な場合もあります。

（13）STAR認証

　英国規格協会（British Standards Institute：BSI）とクラウドセキュリティアライアンス（Cloud Security Alliance：CSA）が共同で創設した制度であり，情報セキュリティにかかる要求事項であるISO/IEC 27001，およびCSAによるクラウドコントロールマトリックスを組み合わせた観点から，クラウドサービス事業者のセキュリティ管理態勢の成熟度を評価するというものです。具体的には，クラウドコントロールマトリックスが定義する管理プロセス（例えば，「データガバナンス」「コンプライアンス」など）別に，クラウドサービス事業者の管理態勢の成熟度をスコアリングし，その結果に応じてブロンズ／シルバー／ゴールドといったレベル分けがなされます。ク

ラウドサービス事業者は改善すべき情報セキュリティ管理プロセスを把握するとともに，態勢の高度化に向けた取り組みが可能になります。

　最後に諸外国の制度を紹介します。

（14）FedRAMP（Federal Risk and Authorization Management Program）（米国）

　本制度は，従来は各省庁独自に実施していたクラウドサービスのセキュリティ認定を，複数の省庁で共通化させ，クラウドサービス導入の迅速化とクラウドサービス事業者の負担を軽減するため，2011 年に米国政府により設立された制度です。米国では，省庁における情報システムに対して厳格な情報セキュリティ管理策を義務づける連邦情報セキュリティマネジメント法（Federal Information Security Management Act：FISMA）が存在しており，同法には全ての情報システムが正式なセキュリティ認証を受ける必要性が記されています。本制度は，FISMA に基づきクラウドサービスの導入に際したセキュリティ認証基準として米国省庁が利用することが求められているものであり，クラウドサービス事業者はこの認証の取得が必須となっています。

　FedRAMP はあらかじめセキュリティ要件を定めておくことで，クラウドサービスのセキュリティ認証にかかる時間やコストを削減する目的で導入された側面が強いですが，現在は米国省庁が利用するほどの安全性を示す 1 つの指標になっているともいえるでしょう。

（15）C5（ドイツ）

　本制度は，2016 年にドイツの連邦情報セキュリティ庁（BSI）により設立され，ドイツ政府認定のクラウドセキュリティ標準（Cloud Computing Compliance Controls Catalog）をベースに作成されています。ドイツ政府機関とその関連団体がパブリッククラウドソリューションを導入する際に必要

最低限となるクラウドセキュリティを定めた監査標準です。

　本制度の特徴として，17分野（情報セキュリティのための組織，要員，資産管理，物理的セキュリティ，運用等）と114の要件で構成されており，全てのクラウドサービスプロバイダーの根幹となるセキュリティ要件もあれば，機密性の高いデータと高可用性を必要とする状況を処理するための補足要件も存在します。また，監査の際には詳細なシステム記述を示すとともに，管轄区域やデータ処理の場所などの環境パラメーター，サービスのプロビジョニング方法，クラウドサービスに授与された他の認定，クラウドプロバイダーの公的機関への開示義務情報などを開示する必要があり，透明性が重視されているといえるでしょう。監査とその結果のレポートは，ISAE 3000の枠組みに沿って実施されています。また，FedRAMPやISO/IEC 27001と比較して，C5はユーザー責任（内部教育）や身元調査，データセンターへの立ち入り，雇用の終了についての要件が比較的少ないことが指摘されています。

(16) G-Cloud（英国）

　本制度は，2012年に英国政府機関により設立された制度で，英国の政府調達において，サプライヤーが遵守すべき事項が記載されており，本制度に対応することで調達可能サプライヤーのリストに登録されます。

　デジタル・マーケットプレイスに掲載されている申請書に記載されている基準に照らし合わせて，申請書に記載された情報が評価されるのが本制度の特徴です。具体的には下記の3点になります。

①サプライヤーの信用スコア（Experianの信用スコアやDun & Bradstreeの財務ストレススコアなど）を監視する
②サプライヤーに関する特定の問い合わせを調査する
③サプライヤーの申請書に記載されている情報と一致しているかどうかを確

認するために，サービスのランダムな抜き打ち検査を実施する

なお，クラウドのセキュリティ評価には「Cloud Security Principle」が用いられ，「Cloud Security Principle」にはISO/IEC 27001が参照されています。

(17) IRAP (Information Security Registered Assessors Program) (オーストラリア)

本制度は，2014年にオーストラリア政府によって開始された制度です。ICT製品を対象に，Australian Government Information Security Manual (ISM) などの基準に準拠しているかを評価します。Australian Signals Directorate (ASD) により認定されると，Certified Cloud Services List (CCSL) に登録されるという運用でした。

しかし，2020年3月にクラウドサービスの認定プログラム（CSCP）は終了し，2020年7月にCCSLも廃止されました。新たに2020年7月より，Australian Cyber Security Centre (ACSC) と Digital Transformation Agency (DTA) から，官民協力により作成された新クラウドセキュリティガイドラインがリリースされ，これに基づき適格者（IRAP Assessor）が評価を実施する制度に変更となっています。なお，新しいガイドではNIST SP 800-37 Rev. 2 や ISO 31000：2018 等をベースに，リスクベースアプローチの重要性が記載されています。

これらの各制度をまとめると下記の図の様になります（図表5-8）。各制度の趣旨や対象を理解した上で，どの制度に対応したクラウドサービス事業者を選定すべきかを検討することが重要です。

図表 5-8　各評価・認証制度の概要

評価・認証制度名称	レポート系 or 認証系	影響があるクラウドサービスカスタマー
会計士協会主導		
(1) SOC 1	レポート系	財務諸表・内部統制監査対象システムでクラウドサービスを導入する・している民間企業
(2) SOC 2	レポート系	クラウドサービスを導入する・している民間企業 / 政府機関
(3) SOC 3	レポート系	クラウドサービスを導入する・している民間企業 / 政府機関
日本国内の制度		
(4) P マーク	認証系	クラウド上に個人情報をのせる・のせている民間企業 / 政府機関
(5) ASP・SaaS の安全・信頼性に係る情報開示認定制度 / IaaS・PaaS の安全・信頼性に係る情報開示認定制度	認証系	クラウドサービスを導入する・している民間企業 / 政府機関
(6) クラウド情報セキュリティ監査制度（JASA）	認証系	クラウドサービスを導入する・している民間企業 / 政府機関
(7) 政府情報システムのためのセキュリティ評価制度（ISMAP）	認証系 / レポート系	クラウドサービスを導入する・している政府機関（ただし，民間企業でも参考にできる）
グローバルの制度		
(8) ISMS 適合性評価制度	認証系	クラウドサービスを導入する・している民間企業 / 政府機関
(9) ISO/IEC 27014	認証系	クラウドサービスを導入する・している民間企業 / 政府機関
(10) ISO/IEC 27017	認証系	クラウドサービスを導入する・している民間企業 / 政府機関
(11) ISO/IEC 27018	認証系	クラウド上に個人情報を乗せる・乗せている民間企業 / 政府機関
(12) PCI DSS	認証系	クラウド上にクレジットカード情報・取引情報をのせる・のせている民間企業
(13) STAR 認証	認証系	クラウド上に個人情報を乗せる・乗せている民間企業 / 政府機関

諸外国の制度		
⑭ FedRAMP	認証系	クラウドサービスを導入する・している政府機関（米国）
⑮ C5	認証系	クラウドサービスを導入する・している政府機関（ドイツ）
⑯ G-Cloud	認証系	クラウドサービスを導入する・している政府機関（英国）
⑰ IRAP	認証系	クラウドサービスを導入する・している政府機関（オーストラリア）

出所：各制度の公開情報より

4. 各種認証制度の動向

　前節ではクラウドサービス事業者が利用している代表的な評価・認証制度について紹介してきましたが，クラウドを取り巻く環境は日々変化することから，その動向を知ることもまた重要です。ここでは国内外のクラウドサービス事業者における各評価・認証制度の利用動向をみていきましょう（図表5-9）。

　図表5-9をみると，国内系のクラウドサービス事業者は，ISMS適合性評価制度およびPマークの取得率，つまり「認証系」の割合が高いことが分かります。これらの制度は情報セキュリティ全般の対策や個人情報保護を目的としており，その容易さもあってクラウドの普及以前から，広くIT事業者に利用されてきたものとなります。特に，ISMS適合性評価制度はその評価範囲を企業単位，事業所単位，部門単位等，柔軟に設定することが可能であり，クラウドサービス事業者のみでなく，一般企業における取得も進んでいる状況です。

　ただし，これらの制度はクラウドに特化した制度ではないため，その評価単位もクラウドサービス単位ではなく，あくまでも組織や事業所単位になり，クラウドセキュリティの観点から，この認証の取得のみをもって管理水

図表 5-9　各種評価，認定制度の普及率

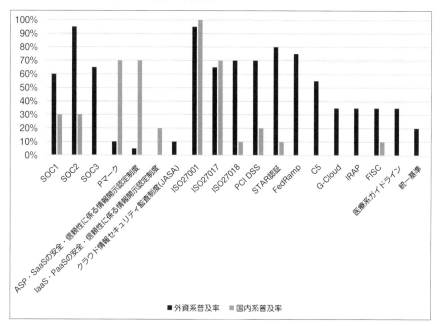

出所：PwC あらた有限責任監査法人独自調査による（国内のクラウドサービス事業者 10 社，海外のクラウドサービス事業者 20 社を対象に算定）

準が十分といえるかについては疑問が残ります。実際，過去にセキュリティインシデントを起こしたクラウドサービス事業者においても，これらの認証を取得していたケースが見受けられます。また一般的に「認証系」制度はセキュリティ管理水準の高低を測るものではなく，制度における要求項目を充足しているか否かを判断するものであるため，これらの認証の取得有無のみをもって利用者が安心することはできません。

　一方，外資系企業では，SOC 報告書のように，事業者の内部管理態勢について，独立した外部の第三者が評価し，その結果を公表する「レポート系」の制度の利用率も高い状況です。「レポート系」は，事業者が実施しているコントロール内容が提示され，かつ事業者から独立した外部の第三者がどの

ような評価手続を行い，どのような課題を検出しているのかという点が明確になるため，利用者にとって非常に有用です。また，今まで検出された課題に対して事業者が企業責任のもとどのように対応しているのかという内容を示すこともできるため，事業者にとっても自社サービスの信頼性を高める上でも有益なものです。

　現在は，評価コストの高さや，認証取得までの期間の長さ等を理由として，クラウドサービス事業者の中でも一部にのみ利用が限定されていますが,「レポート系」は評価者の独立性や，評価内容の開示性等の理由により，保証水準が高いため，今後，「レポート系」の制度を利用する事業者は増加していくことが予想されます。なお,米国においてはSOC 2の普及度は非常に高く，SOC 1に関しても徐々に普及しつつあります。そのため，日本においてクラウドサービスを提供する米国系事業者の多くはSOC 2報告書を開示しています。ただし，日本におけるサービスがその報告書の範囲に含まれているかどうかは確認する必要があります。

　このような状況のもと，国内外のクラウドサービス事業者を問わず，自社が提供するサービスの信頼性を示すための新たな取り組みが開始されています。その1つとして，前節でも説明したISMAP制度があります。ISMAP制度は，あくまでクラウドサービスを調達する政府機関向けの制度ですが，ISO/IEC 27001シリーズ，NISC統一基準，NIST SP 800-53といった幅広い管理策からできている制度であり，言明書によりクラウドサービスのセキュリティ対策の概要を示すことができるため「レポート系」の要素を含む制度となっています。また，審査を通過したクラウドサービスは広く一般に公開されることになるため，自社のクラウドサービスの安全性について，政府機関のみならず民間企業に対してもアピールできるという点で注目に値します。

　各種評価制度の利用目的は異なりますが，積極的なクラウドサービス事業者は，評価対象が広い「認証系」の制度と保証水準が高い「レポート系」の

図表 5-10　各種評価・認定制度の比較表

名称	クラウドセキュリティへの適合性	信頼度	取得・維持コスト	認知度	スキームの有用性
(1) SOC 1	小	大	大	中〜大	中
(2) SOC 2	大	大	大	中〜大	大
(3) SOC 3	中	大	中	中〜大	中〜大
(4) P マーク	小	中	中	大	小
(5) ASP・SaaS の安全・信頼性に係る情報開示認定制度 /IaaS・PaaS の安全・信頼性に係る情報開示認定制度	中〜大	小	小	中	小
(6) クラウド情報セキュリティ監査制度（JASA）	大	中〜大	中	中	中
(7) 政府情報システムのためのセキュリティ評価制度（ISMAP）	大	中〜大	中〜大	中〜大	大
(8) ISMS 適合性評価制度	小	中	小〜中	大	小
(9) ISO/IEC 27014	小	中	小〜中	大	小
(10) ISO/IEC 27017	大	中	小〜中	大	中
(11) ISO/IEC 27018	小	中	小〜中	大	小
(12) PCI DSS	小	中	中	中	小
(13) STAR 認証	大	中	中	中	中
(14) FedRAMP	大	大	大	大	大
(15) C5	大	大	大	中	大
(16) G-Cloud	大	中	小	中	中
(17) IRAP	大	中	中	中	中

出所：PwC あらた有限責任監査法人独自調査による

制度をそれぞれ補完的な関係と捉え，自社のクラウドサービスの提供形態に応じて利用しています。こうした事業者による制度利用の現状を踏まえ，各種評価・認証制度を以下の観点で比較しましたので，参考としてください（図表 5-10）。

◆クラウドセキュリティへの適合性

　対象制度がクラウドサービス事業者による情報セキュリティ管理態勢の評価という目的にどの程度適合しているのかを示す指標です。

◆信頼性

　対象制度の信頼性を示す指標です。「信頼性」とは，クラウドサービス事業者の管理態勢の評価に際した，評価範囲の深度・粒度，評価手続の密度・複雑度，評価期間の長短，評価結果の詳細度等を総合的に勘案したものを意味します。

◆コスト

　対象制度の利用，または認証の維持にかかるコストを示す指標です。

◆認知度

　対象制度にかかる社会的な認知度を示す指標です。

◆スキームの有用性

　利用者によるクラウドサービス事業者の検討において，対象制度がどの程度有用なものであるかを示す指標です。

　なお，上記の比較図はあくまで1つの目安，参考でしかないため，利用者自身が実際の制度詳細を調査，把握した上で，自社にとって最も有用な認証・評価制度を見極めることが重要であることはいうまでもありません。

5. 各種評価，認証制度の留意点

　前述のとおり，クラウドサービスという領域に関連する評価・認証制度は多数存在しており，その対象範囲も多岐にわたります。

　繰り返しになりますが，評価・認証制度は「レポート系」と「認証系」の2種類に分類できます。特に「レポート系」については，利用者がレポートの内容をどのように読むべきかという点が重要です。事業者が保証水準の高

い「レポート系」の制度を利用しているからといって，評価内容を適切に読み解くことができなければ，事業者の管理態勢に対する理解が十分とはいえない点に注意する必要があります。以下，「レポート系」（SOC 1 およびSOC 2）に該当する報告書を読み解く際に注意すべき観点を簡単な例示とともに紹介します（図表5-11）。

図表5-11　レポート評価時の注意点

注意点	注意例
コントロールの記述内容	記述されているコントロールが，自社の要求するコントロール水準と比べて適切か。 （例：不足，あるいは不十分なコントロールはないか）
評価対象範囲	評価対象範囲が限定的ではないか。 （例：外資系クラウドサービス事業者の場合，海外データセンターのみが評価対象となり，日本のデータセンターが評価対象から除外されていないか。また，施設への入退管理等の物理セキュリティにのみ焦点が絞られた内容となっていないか）
評価対象期間	利用者が求める評価対象期間と事業者が提供するレポートの評価対象期間が異なっていないか。 （例：利用者は最新の評価対象期間における結果を求めている一方で，レポートの発行が 1 年以上前等になっていないか）
評価手続	コントロールを評価する手続は十分であるか。 （例：評価手続が全て質問のみで完了しているなど，不十分な評価が行われていないか）
評価結果	評価された事業者の管理態勢が有効に機能しているという評価結果になっているか。 （例：評価結果に重大な不備が含まれており，管理態勢が有効に機能していない状況になっていないか）
評価主体	十分に経験のある監査人により発行されているか。 （例：設立まもない監査人が報酬のためにクラウドサービス事業者に迎合し，実際には問題があるにもかかわらず，評価結果を全て問題ないとするような不自然な評価をしていないか）

出所：PwC あらた有限責任監査法人による

上記注意点に留意しつつ，利用者に対しては，事業者選定の際には複数の事業者から報告書を入手し，その内容を比較しながら読み解くことが望まれます。

　残念ながら日本では，海外と比較すると，クラウドに関わる「レポート系」の浸透度が低い状況となっています。利用者ごとの個別監査を受け入れないクラウドサービス事業者も多い状況下で，事業者内部のリスク管理に関する取り組みの詳細が確認できる「レポート系」の普及は，利用者にとって今後非常に重要になっていくことが想定されます。利用者としても，「レポート系」の制度利用を事業者に求めていく姿勢が必要となるかもしれません。

6. おわりに

　クラウドサービス事業者は，全てのクラウドサービス利用者に対して同じように情報開示を行っているかというと，必ずしもそうではありません。また，情報といっても，本章で述べたように，現時点では認証・評価制度は国際的に集約された分かりやすい形にはなっておらず，国によっても違いがあり，日本国内でも多様性がある状況です。こうした中で，クラウドサービス利用者は自社において必要なコントロール水準を見定めた上で，認証・評価制度の違いも理解しながら適切な情報源を特定し，その内容を検討した上で，最適なクラウドサービス事業者を選定する必要があります。本章で説明した内容が，その一助となれば幸甚です。

第 6 章

クラウドサービス
利用事例紹介

1. はじめに

　クラウドサービスの利用には，さまざまなリスクが存在することを各章で述べてきました。本章では，実際にクラウドサービス導入を決めた2つの会社（A社，B社）の事例を取り上げ，それぞれの会社がクラウドサービスを導入・利用する際に何を懸念事項と考えたのかについて，具体的な対応策を含めて紹介します。

2. A社の事例

（1）クラウドサービス導入の背景

　金融機関A社では，顧客向け重要機能を提供するXシステムをオンプレミスで稼働させていました。Xシステムは，前回のシステム更改から5年以上経過しており，繁忙期の夜間バッチ処理遅延によりオンライン開局が遅れ，顧客影響が発生するなど，処理性能が問題視されていました。また，基盤の保守サポート期限も迫っていたことから，A社は，Xシステムを大手のパブリッククラウドへ移行することにしました。

　A社は当初，アプリケーションを再構築して，クラウドの機能を最大限に活用するリビルド方式での移行を目指していました。しかし，業務要件を整理していく段階で，設計書に明記されていない仕様が現行で多数利用されていることが判明しました。計画工数を超えても要件定義が終わらず，ベンダーとの協議の結果，移行方式をリビルド方式から，リホスト方式に変更し，改めてプロジェクトを進めていくことになりました（図表6-1）。

図表 6-1　移行方式におけるリホストとリビルドの比較

移行方式	説明
リホスト	サーバー機器や OS 等の置き換えを行うもの。クラウドへの移行においては，OS 等のバージョンアップやマネージドサービスの一部適用等を行い，アプリ改修はそれらに伴う箇所に限定。
リビルド	抜本的な刷新，アプリケーション再構築を行うもの。クラウドへの移行においては，クラウドネイティブと呼ばれるクラウド環境に最適化したアーキテクチャー設計・構築を行う。

出所：「情報システムのパブリック・クラウドへの移行方式について（政府 CIO ポータル　ディスカッションペーパー）」より抜粋

（2）懸念事項

　リホスト方式での移行へ計画を変更したことで，機能要件に関する懸念は払拭されましたが，一方でオンラインレスポンスやバッチ処理時間，セキュリティ，運用性，保守性，拡張性等の非機能要件の明確化は依然として必要でした。A 社では，IaaS や PaaS を用いたシステムの開発・運用は経験がなく，「目標としている性能向上が本当に実現できるのか」「システム運用の工数や費用が想定外に増加するのでは」といった不安を感じていました。加えて，自社のセキュリティ基準がオンプレミスを前提として策定されていることから，それのみに準拠しても「クラウド環境ならではのセキュリティリスクが低減されないのでは」といった不安も感じていました。

（3）対応のポイント

　上記の懸念事項を踏まえ，A 社は X システムのクラウド移行にあたってのリスク管理上のポイントとして以下 3 点を整理しました。

　1 つ目のポイントは，「早い段階での性能の実機検証」です。X システムは，求められる性能（オンラインレスポンス，バッチ処理時間）を達成できなかった場合に大きな顧客影響が発生する機能が多く，十分な処理性能を確実に設

計・構築する必要がありました。実行環境がすぐに安価に調達できるというクラウドの特性を活かし，プロジェクトの早い段階から性能を実機で検証し，必要に応じてチューニングしていくことが有効であると考えました。

　2つ目のポイントは，「システム運用のクラウド対応」です。オンプレミス環境におけるシステム運用を「そのまま」クラウド上で実現しようとした場合，多くの課題が発生します。例えば，物理的な媒体にデータをバックアップして保管する運用をクラウド上に移行したシステムでも続けると，バックアップごとにクラウドとの通信費が発生することになります。A社はシステム運用の工数や費用を抑えるために，クラウドのデータストレージサービスやバックアップサービス，その他運用に資するマネージドサービスを有効活用する方針を定めました。その上で，自社のシステム運用作業をクラウド向けに再設計することとしました。

　3つ目のポイントは，「クラウド環境に沿ったセキュリティ管理態勢」です。A社はまず，自社のセキュリティ基準をクラウド環境に適合させるため，クラウド特有のリスクを考慮したチェックシートを作成しました。このチェックシートを自社のセキュリティ基準に追加することで，システム設計段階やテスト段階，運用設計段階で，セキュリティ管理態勢上の考慮事項が確実に実装される状態を実現しました。

　上記の3つのポイントを踏まえてクラウド移行プロジェクトを推進した結果，A社は現行仕様を維持しながら目的であった性能向上を実現し，システム運用工数や費用もオンプレミス環境だった頃と比較して安く抑えることに成功しました。また，同業他社ではクラウドサービスの設定不備に伴うセキュリティインシデントが発生している一方で，A社では追加したチェックシートが機能し，同様のセキュリティインシデントが発生しませんでした。

(4) 対応のポイント詳細　その1―「早い段階での性能の実機検証」

　A 社は X システムのクラウド移行にあたって，そのデータベースに仮想マシン上で DBMS ミドルウェアを稼働させる構成や，クラウドサービス事業者が PaaS として提供するデータベースサービスを利用する構成を検討していました。DBMS ミドルウェアのライセンス費用の観点から PaaS 利用が第一候補でしたが，クラウドサービス事業者から詳細な性能情報が提供されているわけではないため，事前の性能予測も難しい部分がありました。ここで A 社は，実行環境がすぐに調達・変更できるというクラウドの特性を活かし，検討案の構成について実際に性能を測定することとしました。A 社は候補となる利用サービスや DBMS ミドルウェア等の構成を数パターン洗い出した上で，クラウド環境上に比較用の環境を構築し，同じデータ・処理を実行させて性能を比較しました。これにより，第一候補であった PaaS を利用する構成で想定以上の性能が発揮され，処理時間が要件内に収まることを確認できました。

　A 社は，データベースについて，処理性能以外にも障害発生時のフェイルオーバー機能や，アプリケーション障害によってデータバックアップからの戻し作業が必要になった場合の運用面をクラウド環境上の実機で確認し，総合的に評価した上でデータベースは PaaS 利用とすることを決定しました。

(5) 対応のポイント詳細　その2―「システム運用のクラウド対応」

　A 社は，システムの要件定義や構成概要が固まる前にクラウドサービス事業者のサービスカタログを参照し，以下 3 種類のシステム運用について集中的に検討を行いました。

①バックアップ運用

　オンプレミス環境に構築されている A 社の X システムでは，正系システムとは別のストレージへのデータ複製，媒体によるデータセンター内保管，

媒体の遠隔地保管等の手段で，複数種類のバックアップが行われていました。A社は，準拠すべき法令や基準，障害発生時のRPO（目標復旧時点）とRTO（目標復旧時間）等を明らかにし，バックアップ要件を明確にしました。その結果，クラウドサービス事業者が提供するストレージサービスとバックアップサービスを利用することで，システム運用作業をほとんど発生させることなくバックアップ要件を満たせることが分かりました。

②リソース監視

　クラウドを効率的に利用するためには，必要な処理能力に応じたサイジングが重要となります。このため，システム設計の段階でのサイジングに加えて，稼働中のシステムの利用状況を監視し，コストが最適化されるようにリソースのタイプを選択していくことが有効です。また，クラウドサービス事業者が提供する割引オプションの活用もコストを下げることにつながります。例えば，クラウド上のサーバーやデータベースは稼働時間に応じた従量課金が基本となりますが，クラウドサービス事業者によっては長期利用を前提とした割引オプションを提供していることがあります。A社Xシステムは，オンプレミス環境においても，安定的に稼働させるために予防的観点からシステムの負荷状況やレスポンス等を監視していましたが，それらの測定項目について，コスト最適化の面でも分析を行い，リソースのサイジングや割引オプションの有効性を検証し，必要に応じて変更できるようなプロセスを設計することとしました。

③パッチ適用

　クラウド移行後のXシステムは，データベース等その一部がPaaSで構成される予定です。PaaSの保守，運用はクラウドサービス事業者側で行われ，パッチ適用も含みます。A社がXシステムで利用予定の各サービスのパッチ適用履歴を参照したところ，仕様や振る舞いに影響する変更も含まれてお

り，事前にシステムへの影響を確認することが必要と認識しました。A社がパッチ適用時の仕様についてクラウドサービス事業者に問い合わせたところ，重要度の低いアップデートについては自動設定から手動設定に変更できるものの，セキュリティ上重要なアップデートは，事前通知を経て指定日時に強制的に実施されることが分かりました。そこでA社は，クラウドサービス事業者からのアップデート事前通知受領後すぐに試験環境でリグレッションテストを実施するよう，保守プロセスを見直すこととしました。

（6）対応のポイント詳細　その3
―「クラウド環境に沿ったセキュリティ管理態勢」

　クラウドサービスを導入する際には，クラウドサービス事業者を外部委託先として評価するのみでなく，自社のクラウドサービス利用にかかる体制や運用，クラウドサービスの設定についても検討することが重要です。特に，IaaSやPaaSを利用して構築を進める場合，暗号化やアクセス制限といったセキュリティ対策にクラウドサービスの機能を活用しながら，利用者側で実装していくことが求められます（リスク例に関しては第3章も参照）。

　A社では，クラウド移行プロジェクトの計画策定と並行して，公知のガイドラインやベストプラクティス，クラウドサービス事業者が公開するホワイトペーパーに基づいたチェックシートを作成し，クラウドサービスの設定，自社のシステム運用態勢それぞれについて，当該チェックシートを用いて設計を検討することとしました。また，クラウド移行後のXシステムにおいても，構築時に確認したリスクへの対応状況，クラウドサービスの機能や利用方法・設定に関する変更の有無，自社の運用態勢の実施状況等について定期的にモニタリングを行うこととしました。

（7）本事例のまとめ

　A社の事例をとおして，オンプレミス環境からクラウド環境への移行に

伴うリスクとその対応策をいくつか取り上げてきました。本事例で取り上げたリスク以外にもクラウド移行のリスクは存在しますし，移行方式によっても顕在化しやすいリスクは異なります。その中で共通していえることは，プロジェクトの企画段階でリスクを洗い出し，対応方針を考え，可能な限り早期からリスク対応策を実行することが重要であるということです。

3．B社の事例

（1）クラウドサービス導入の背景

　数年前のB社のシステム環境は，自社で開発，運用を管理するオンプレミスの業務システムが大半を占めていましたが，近年の働き方改革やDXに伴い，従業員間のコミュニケーションツールとしてのチャットやクラウドストレージといったさまざまなクラウドサービスの導入を進め，現在ではオンプレミスとクラウドが共存するものとなっています。

　また，オンプレミスとクラウドの役割については，顧客や委託先，またグループ企業間のコラボレーションで行う業務はクラウド，自社だけで閉じておくべき情報や業務はオンプレミスと定義しています。

（2）懸念事項

　B社では前述の役割定義に則り業務を推進してきましたが，新型コロナウイルス感染症拡大に伴うニューノーマルによるデジタル化の急速な進展により，自社で導入，管理するクラウドサービスだけでは現場の業務が遂行できない背景から，Web会議ツールをはじめさまざまなクラウドサービスが各業務部署の判断により利用される状況となり，そのリスクが懸念される一方，外部クラウドサービスの利用を制限すると業務が実施できないことも予測され得る状況となっており，セキュリティ管理を担うセキュリティ委員会メンバーの頭を悩ませていました。特にセキュリティ委員会が懸念した事項は以

下の3点でした。

　1つ目は，「情報漏洩リスク」に対する懸念事項です。B社では，従業員のクラウドサービスの利用状況を把握するための方法はアクセスログを調査すること以外になく，リアルタイムでシステム的な監視を行う仕組みがありません。そのため，管理者から物理的に目の届かないクラウドサービスを通じて，不正な情報の持ち出しや事務的なミス（ヒューマンエラー）等による情報漏洩事案が発生するリスクが懸念されます。また，情報漏洩をすぐに検知する仕組みもなく，インシデントレスポンスの遅れから重大なインシデントが発生する可能性も考えられました。

　2つ目は，「従業員のITリテラシー」に対する懸念事項です。B社では，クライアントとクラウドサービスを利用したデータ共有を行うにあたり，クライアント側から利用するクラウドサービスを指定されることがあります。その際，従業員が指定されたクラウドサービスの利用方法を正しく理解しないまま利用する可能性があり，データの共有範囲を間違って設定するなどの業務ミスが発生するリスクが考えられました。特にニューノーマルにおいては上司や先輩社員がそばにいる環境ではないこともあり，この点は大きな懸念として認識しました。

　3つ目は，「業務の効率性の低下」に対する懸念事項です。シャドーIT化した状況を改善するために，会社が許可していないクラウドサービスの利用を画一的に制限する場合，業務上必要なクラウドサービスの利用を制限してしまい，現場に混乱を招いてしまう可能性があります。その結果，業務の効率性が低下するリスクが考えられました。

（3）対応のポイント

　B社はこれらの懸念事項がニューノーマルによって引き起こされていることを認識し，セキュリティ委員会が取り組むべきポイントを，3つに整理しました。

1つ目は，「ニューノーマルにおける変化点・リスクの把握と対応」です。ニューノーマルによる急速な環境変化においては，例えば重要業務のリモート実施を特別に許容するなど，さまざまな変化とそれに伴うリスクがあります。これらを正確に把握し，ニューノーマルに合わせたセキュリティルールの再定義がセキュリティ委員会の急務になっていました。

　2つ目は，「従業員に対するセキュリティ教育」です。B社ではニューノーマルにおける大きな変化は働き方にあると考えました。これは単純に働く場所が自宅になったということだけでなく，若手社員の教育を担う上司や先輩社員がそばにいないことにより，仕事のやり方だけでなく，仕事に対する姿勢が伝承されにくいことが懸念されていました。そのため，セキュリティの重要性や情報の管理策を全社員に教育し，ITリテラシーを向上させることで，誤った知識や認識でクラウドサービスを利用することによる重要情報や顧客情報の流出リスクが低減できると考えました。また，前述のセキュリティルールの見直しは最低でも3ヵ月はかかる見込みであったため，それまでの期間のリスクを低減する方策としても，セキュリティ教育は有用と考えられました。

　3つ目は，「CASBと呼ばれる製品による段階的なクラウドサービス利用の監視・制限の実施」です。B社ではクラウドサービスの利用に一定のリスクがあると認識していますが，短期間に大幅な制限を加えると，現場部門の反発を招き，業務の混乱を引き起こす可能性がありました。そのため，CASB（Cloud Access Security Broker）製品を利用した段階的かつ柔軟な対応を行う必要があったのです。

（4）対応のポイント詳細　その1
―「ニューノーマルにおける変化点・リスクの把握と対応」

　B社のセキュリティ委員会では，まず，働き方改革を背景としたクラウドサービス利用における現場部門の変化点やリスク認識を把握するためにアン

ケートを実施しました。

　その結果，現場部門が独自判断でセキュリティレベルを下げている業務や
その業務に対する現場部門のリスク認識が明確になりました。その中でも特
に意見の多かったセキュリティルールの見直しポイントは「クラウドサービ
ス利用への対応」「紙資料への対応」の2点でした。特にクラウドサービス
利用への対応については，自社が導入するクラウドサービスだけでなく，ク
ライアント等から指定されるクラウドサービスを想定した汎用的なものでか
つ現場社員が読んで分かる平易な内容であることが求められました。

　これらの意見を受け，セキュリティ委員会は自社のセキュリティルールを
見直し，従来認められていなかった情報種別のクラウドサービス利用を許容
することと併せ，実施すべき管理策をクラウドサービス利用のライフサイク
ルに合わせてクラウドサービスの管理者，ユーザー別にガイドとして定める
こととしました。

　また，現場社員であることが想定されるユーザーに対しては，知りたい時
に知りたい情報を得ることができるよう，Q&Aをベースとした記載としな
がらも，リスク認識を醸成すべく，以下の点を考慮した形式で記載しました。

◆具体的な情報資産（例えば顧客の個人情報）がどのような管理レベルの情
　報資産に該当し，この情報が仮に外部に流出した場合，どういった影響が
　生じるか
◆ニューノーマルの働き方は，従来の働き方と異なり，新たにどういった点
　について注意や考慮をする必要があるのか

　上記のような点を記載することで，従業員は“何を”すべきかだけでなく，
“なぜ”このような管理策を実施しなければならないのか，その理由や背景
についても，ガイドを通じて分かるようにしました（図表6-2）。

図表 6-2　B 社が作成した Web 会議サービス利用のガイド (抜粋) のサンプル

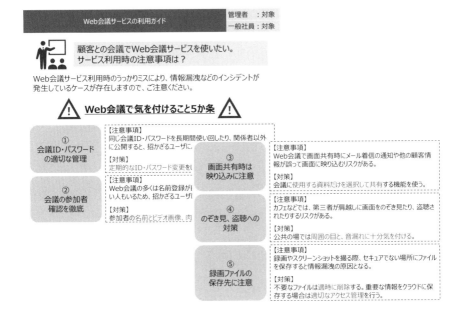

(5) 対応のポイント詳細　その2
　　ー「従業員に対するセキュリティ教育」

　次に B 社では，従業員に向けた，クラウドサービス利用に関する教育環境の整備を実施しました。具体的な方法として，まず「マイクロラーニング」を利用したクラウドサービス利用に関する教育コンテンツの整備・提供を行いました。1 回 5 分から 10 分程度の動画コンテンツや細分化した Web コンテンツを提供し，従業員は仕事のすき間時間を利用し，好きな時に好きな場所で PC やスマートデバイスにて学習できるようにしました。また提供するコンテンツは，利用が許可されているクラウドサービスに関するものに限定しないことで，クラウドサービス全般に対する知識・理解向上を目指しました。

　マイクロラーニングのコンテンツはクラウドサービス利用に関するものだけでなく，ビジネスメール詐欺への対応方法など毎月新しいものを配信し，業務部門の管理職がコンテンツに登場するなどの工夫も実施しました。

　一般的な集合研修やeラーニングのように，長時間にわたって一方的な教育を行うのではなく，各従業員が興味をもった分野についてコンテンツとして情報を提供することで，従業員が知りたいという欲求をトリガーにした情報提供のスキームとなり，通常実施する年次のセキュリティ研修の初回テスト合格率が向上するという副次的な効果もありました。

(6) 対応のポイント詳細　その3―「CASBと呼ばれる製品による段階的なクラウドサービス利用の監視・制限の実施」

　3つ目のポイントはCASB製品によるクラウドサービス利用に関する段階的な制限の導入です。B社では許可されていないクラウドサービスの利用を制限したい一方，現場部門では多くのクラウドサービスが既に使用されている状況であり，一元的かつ一方的な利用制限を実施した場合，円滑な業務の遂行が困難になるという根強い反対が予想されました。そのため，現場部門の理解を得つつ，この問題に対応する必要がありました。

　この状況を受けて，セキュリティ委員会では，まずCASB製品から出力されるセキュリティ上推奨できないクラウドサービス一覧を提示し，現場部門にそのリスクを認識させることから始めました。その上で，B社はクラウドサービスの利用制限に向けて3つの段階を設定しました。

　1段階目は，セキュリティ上推奨できないクラウドサービスの提示です。現場部門は当該サービスを利用することができますが，3ヵ月後には制限が入ることが伝えられます。

　2段階目は，セキュリティ上推奨できないクラウドサービスの制限です。この段階になると，現場部門は当該サービスを継続して利用するためには，セキュリティ委員会に半年内に別サービスに移行するための計画を提出し，

承認を得なければなりません。

　3段階目は，セキュリティ上推奨できないクラウドサービスの利用禁止です。この段階でCASB製品によるシステム的な利用禁止を実施します。現時点でこの段階まで危険なクラウドサービスを利用する業務部門はないとセキュリティ委員会は予想していますが，CASB製品は，クラウドサービスを用いた操作，通信を可視化し，各利用者・クラウドサービスに応じた制御を行うことも可能なため，どうしても必要な業務処理のみに利用を制限するなどの柔軟な制限の適用についても考慮しています。

（7）本事例のまとめ

　ニューノーマルやデジタル化により急速に広がるクラウドサービス利用のリスクをいかに管理していくかに関して，B社の事例をとおして紹介してきました。

　ニューノーマルにおいてクラウドサービスは従業員間のコミュニケーションやコラボレーションに不可欠な存在となっています。しかしそのサービスの正しい使い方やセキュリティ上のリスクを認識しなければ，企業のデジタルシフトにおいて過剰なリスクを負うことになります。

　重要なのは，外部・内部の環境の変化やそのリスクを正しく把握した上で，その対応方針を定めることです。そして実施した対策の状況についてはモニタリングし，改善を図る，つまり，セキュリティマネジメントのPDCAを着実に実行していくことが今更ながらに求められています。

4．おわりに

　以上，実際にクラウドサービス導入に関わった2つの会社の事例を紹介しました。両社の事例からも分かるとおり，クラウドサービス利用にかかるリスクは導入前の時点でしっかりと検討を行うことが必要です。仮にA社が

プロジェクトの企画段階でリスク対策まで検討していなかった場合，目標としていた性能向上は果たせず，システム運用の工数や費用が想定外に増加し，さらにクラウドならではの新たなセキュリティリスクを過大に抱えてしまったことでしょう。また，B社ではクラウドサービス利用のリスクも含めて，外部・内部環境の変化とそのリスクを把握しました。これにより，セキュリティマネジメントのPDCAが着実に実行され，業務効率性を過度に損なうことなく，セキュリティリスクを管理することが可能となりました。

　このように，クラウドサービスを導入・利用する際には，クラウドサービス事業者はもちろんのこと，社内外の関係者も含めた認識共有を十分に図り，想定外の事態を招かないよう管理態勢を整備すること，そしてその管理状況をモニタリングし，改善を図ることが重要です。

第7章

経営層が理解すべきリスク

1. はじめに

　この章では，経営層が理解すべきリスクについて，よくあるケースを仮想の会話形式でお伝えします。

　会話の登場人物は，次の2名です。

＜CIO＞
・大手日本企業の取締役兼CIO
・2年前に着任して以来，ITの改革を進めてきたが，思うように成果が出ていない
・一部システムのクラウド移行も行い，そのメリットを理解しているが，一方で，クラウドに対する信頼性や自社がどこまでついていけるのかといった不安を併せ持っている

＜コンサルタント＞※会話部分では「コ」と表記します
・大手監査法人で，主にシステムリスクを担当しているコンサルタント
・最近では，従来のシステムリスク以外にも，デジタルサービスや新規事業の立ち上げに関するアドバイザリーも行っている
・上記企業の経営層からの信頼は厚く，ここ数年はよく相談を受けている

　以降では，上記CIOとコンサルタントが，「クラウドサービスの利活用」をテーマに会話を進めます。2人の会話をとおして，経営層が対応すべきリスクを理解していきましょう。

2.　経営層が理解すべきリスク

（1）経営戦略とクラウド

コ：先月，情報系システムのクラウド移行が完了し，特にトラブルもなく順調
　に稼働していると伺いました。重要システム 2 つ目のクラウド移行というこ
　とで，IT 革新イニシアチブが順調に進んでいますね。

CIO：そもそもクラウド移行は手段であって目的ではないんだよ。ウチを取り
　巻くビジネス環境の変化は激しくて，その速度についていくために，IT プラッ
　トフォームをクラウド化したい。その観点から考えると，もっとクラウド化
　すべきシステムがあるんだけど，正直，システム部門が足を引っ張っている。

CIO：保守・運用を IT 事業者に任せっぱなしのシステムが多く，これではクラ
　ウド移行プロジェクトをそもそも計画できない。さらには，重要業務で使っ
　ているシステムほど，そういった状況がひどい。思うようにクラウド化が進
　められずにいるよ。

コ：そうなんですね。でも，システム部門の方も，例えば，外部サービスとの
　連携や最新の開発方法論に触れると，従来型のシステム基盤では対応が追い
　つかないと分かるのではないでしょうか。

CIO：君のいうリスクはシステム部門も認識しているよ。でも，先ほどの IT 事
　業者に任せっぱなしの問題の他にも，既存のシステムも度重なる改変や統合
　で複雑化していて，単純にクラウド化できるわけでもないし，クラウド化で
　きる人材も揃っていない状況だから，すぐにクラウドに移行することは難し
　い状況であるのも確かなんだよ。

コ：複雑で巨大となったシステムのクラウド移行は一筋縄ではいきませんね。
　一方で，簡単なところから進めていくのも大切です。例えば，足元業務のリ
　モートワーク対応など。最近では，パンデミックの発生によって生じたリモー
　トワークなどの働き方の変化に対応できずに，淘汰されていった企業も目に
　します。このような状況も考えると，足元の業務も含めて，「なぜ，クラウ

ドを使わないのか」といった目線で全体的に見直し，クイックウィンを狙う
のもお勧めです。

CIO：確かに，今ある重要システムを中心にクラウド化を検討していたが，そ
もそも世の中に出回っている最新のクラウドサービスについて，自社にすぐ
に効果が出そうか，リソースを最適化できるか，といった目線で調べると，
クイックウィンできる領域がありそうだね。

CIO：でも，やっぱり本命は重要業務，ウチのビジネスの核を支えるシステム
のクラウド化だよ。中期経営計画で掲げられている，目まぐるしい事業環境
変化に対応するための「ビジネスアジリティ」を実現するためには必達の要
素かな。

コ：はい。必要な時に必要な分だけ使え，最新の技術トレンドが俊敏に反映さ
れていくクラウドサービスは，「ビジネスアジリティ」を実現するための重
要な構成要素です。一方で，先ほど CIO 様もおっしゃっていたように，クラ
ウド移行は手段の 1 つにしか過ぎず，それのみでは「ビジネスアジリティ」
は実現できません。特に，ビジネスの主幹となる重要業務は，単にシステム
アーキテクチャーをクラウド化し業務を変更するという単純な考えのみでは
アジリティを実現できないでしょう。

CIO：仮想サーバー主体で単純移行するのではなく，いわゆる，「クラウドネイ
ティブ」にアーキテクチャーを作り変えるべき，といっているのかな？

コ：「クラウドネイティブ」も構成要素の 1 つです。これは，コンテナ，サー
ビスメッシュ，マイクロサービス，イミュータブルインフラなどの新しいアー
キテクチャーを取り入れることで，細やかな管理・改修，および運用状況の
可視性向上を狙うものです。ですが，それ以外にも，そもそも事業モデルや
プロセスを継続的に進化させるため，仮説のもとで製品・サービスを設計し，
顧客に使用してもらいながら改良を重ねる「リーンスタートアップ」的な動
き方や，価値提供スピードを高めるために小さい単位で実装とテストを繰り
返しながら進める「アジャイル開発」の取り入れなど，複合的に変えていく

必要があります。

CIO：最近よく聞くキーワードだね。ビジネス・業務を継続的に改善し，また
　　そのために，システム開発・運用プロセスをスピーディなものにする必要が
　　あると認識しているよ。デジタルや IT の力でビジネスを加速させようとす
　　る上で，重要な考え方だね。

コ：多くの場合，ここで足を引っ張るのは，既存の考え方やプロセスに囚われ
　　た人材です。「安定した事業モデルの中で確立した役割を確実に行う」ことと，
　　先ほど述べた考え方は大きく異なります。この転換を行えるかが鍵となります。

CIO：転換できた事例にはどういったものがあるのかな？

コ：教育プログラムや採用はもちろんのこと，組織構造に手を入れるのが主流
　　になりつつあります。IT 事業者との関係も，組織構造の検討の中で併せて見
　　直されています。例えば，ビジネス企画・決裁者と従来の IT 部門を一体と
　　するパターンです。決裁者がビジネスオーナーとして，毎月，社員と IT 事
　　業者の混成チームが取り組むべきシステム改修案件の優先順位をつけていま
　　す。決裁者を含めたワン・チームとして，ビジネス・システム両方と向き合
　　う気運が醸成され，一人一人のマインドセットが転換しました。

CIO：従前の考え方だと，業務にせよシステムにせよ，結局プロセスを決めよ
　　うとしてしまうけど，そうではなくて，職務分掌やコミュニケーションをま
　　ず整えたということだね。

コ：はい，そうです。もっとも，プロセスも大切な要素です。従前の考え方と
　　異なる点としては，ビジネスゴールとチームが明確な上で，「どのようなプ
　　ロセスにするべきか？」をチーム自身が考えていく形をとっています。

CIO：ほほう。チーム自身で考えて，なぜうまくいくのかな？　いわゆるベス
　　トプラクティスを指示してしまった方が早くて確実と思っているんだけど。

コ：システムの世界に閉じておらず，ビジネスも含めて継続的に改善していく
　　ためです。ビジネスゴールやチームに同じものはなく，「これをやればよい」
　　は一意に定まりません。立ち上げ当初は外部コンサルタントやアジャイル

コーチにも頼りながら，一般的なプラクティスを試していくことになりますが，チーム自身で自律し，自立するほど，アジリティが高まります。

CIO：なるほど。ビジネスチームとして"大人になる"というイメージだね。そうなると，IT事業者との関係が気になるな。どこまでいってもワン・チームになれないんじゃないかな？

コ：おっしゃるとおり，請負契約を主体とした関係を見直す必要がありますね。内製化する範囲もかなり広がっていくと考えています。

CIO：「ビジネスアジリティ」のためにクラウド移行を行っているけど，これは単なるシステム開発プロジェクトの枠を超えて，組織のあり方やIT事業者との関係に言及することになるね。関連する役員とも，視野を広げて話をしていくよ。

＜経営戦略としてのクラウドサービス利用において認識すべき課題＞

・既存システムも度重なる改編や統合で複雑化している場合が多くクラウド移行は容易に進まないことを認識し，すぐに効果が出そうな簡単なところから進めて，クイックウィンを狙うことも有効である

・目まぐるしい環境変化への対応には，クラウドサービスを利用するだけでは十分ではないことを認識し，事業モデルやプロセスを継続的に進化させる「リーンスタートアップ」的な動き方や，価値提供スピードを高める「アジャイル開発」の取り入れなど，複合的に変えていく必要がある

・既存の考え方やプロセスに囚われた人材が足かせになる問題を認識し，新しいプロセスを整備する以外に，教育プログラムや採用をはじめ，ビジネスとITの混成チームを組成するなどの組織構造の見直しによって，職務分掌やコミュニケーションパスを整えることも重要である

・ベストプラクティスを模倣するだけでは成果にはつながらないことを認識し，チームが自律し自立することで変化への適応能力，アジリティが高められる

・自律，自立したワン・チームを構築するには，IT 事業者との関係整理も
　重要であることを認識し，契約形態や内製化の範囲の見直しなどを考えて
　いく必要がある

(2) クラウドサービスの選び方

コ：クラウド移行したシステムは，元々運用保守を担当していた付き合いの長
　　い IT 事業者にそのままお願いしていますが，他の IT 事業者やクラウドサー
　　ビス事業者は検討されなかったんですか？

CIO：うーん，自分としては別のクラウドサービス事業者を推していたんだけ
　　ど，システム部門と運用保守を委託している IT 事業者の双方から反対にあっ
　　て，結局は同じ IT 事業者のクラウドサービスを使うことになったんだよ。
　　まぁ，社内にシステム内部のことに詳しい人がいない状況でもあったので，
　　中身をよく知る懇意の IT 事業者を頼るのはやむを得なかった面があるんだ
　　けどね。

コ：いわゆるベンダーロックインの状態ですね，信用が置けるという側面でい
　　えば全部が悪いというわけではありませんが，『ビジネス環境変化に対応す
　　る』という目的に対してはフィットしているんでしょうか。

CIO：残念ながら，クラウド移行した2つのシステムは相変わらずの状況だよ。
　　利用者であるビジネス部門からは，「何も変わっていない」「お願いしたい案
　　件が相変わらず断られる」といったクレームじみた連絡がくる始末さ。結局，
　　クラウドの上に載っているレガシーなアプリケーションをなんとかしないと
　　ダメだね。IT 事業者の担当役員を呼び出して，対策を検討しているよ。

コ：既存アプリケーションの技術的負債の返済はこれからということですね。

CIO：そうだね。また，IT 事業者ばかりにお願いしているわけではなくて，ウ
　　チも変わらなければいけない。システム部門のメンバーは，クラウド上で可
　　能な最新の開発手法を必死にキャッチアップしているよ。システムがクラウ
　　ド上にのったら終わりではなくて，ここからが本番だね。ビジネス部門に支

持されるような成果が出るには，あと 1 年はかかってしまうかな。

コ：システム部門の方が変わろうとしているのは非常によい傾向ですね。別の大手企業でも，組織変革と併せてクラウド移行を推進されています。

コ：ビジネス部門が主導して導入しているクラウドサービスについては，いかがでしょうか？

CIO：成果が出ているものも，出ていないものもあるね。私の立場としては，クラウド導入に関する情報交換を全社横断的に行う場を設けて，組織にナレッジを蓄積・展開しているよ。どのクラウドがどういった業務にフィットするとか，どのクラウドが正直よくないとか高いとかね。

コ：素晴らしいですね。ビジネス部門がクラウド導入する際，システム部門からのアドバイスはどのように行っていますか？

CIO：社内でクラウドサービス利用のガイドラインを定めていることもあって，その補足が中心だね。ビジネス部門はメリットを考えるのは得意だけど，リスクについては不得意というか，そもそも意識が高くないから，そこをガイドラインでチェックしつつ，さらに気づいた点を補足している。

CIO：現時点では特にクラウドサービス利用に関連するインシデントは発生してないんだけど，世の中でクラウドサービスの停止や情報漏洩などがニュースに上がっているのをみると，自社で利用しているサービスは本当に大丈夫なんだろうかとか，もっとよいクラウドサービス事業者が他にあるんじゃないかとか，不安な気持ちにもなるよね。

コ：そうですね。クラウドはクラウドサービス事業者に任せる部分が大きいので，実際問題そのクラウドサービスの中身が，どのようにクラウドサービス事業者側で運用されているのかは気になりますよね。そのためにも自社の主要取引先となっているクラウドサービス事業者とはマネジメント間でのリレーション構築をはじめ，クラウドサービス事業者を知る努力をしていただければと思います。大手クラウドサービス事業者ではユーザー会などが開催されているケースも多々あり，またユーザー企業幹部向けの研修会など，ユー

ザー間での情報交換する機会を活用することも検討すべきです。またクラウドサービス事業者自身の情報開示として各種ホワイトペーパーを発行していたり，また各種認証を取得もしているケースもあるので，御社としてどのような情報が必要で，どういった情報入手経路があるのかを整理しておくことも重要です。

CIO：当社として何をもってよしとするか，簡単には決められないなぁ。

コ：そうですね。おっしゃったように御社では内部のクラウドサービス利用のチェックリストを活用されていますが，現にCIO様が不安をもたれているように，チェックリストを作成すれば解消可能なほど，ビジネスがシンプルではなくなってきているのが現状だと思います。クラウドサービス利用の目的，すなわちビジネスにおいて何を実現したいかによって，クラウドサービス事業者に求めることも変わってくると思います。例えばサービスからシステムの可用性を強く望むのであれば，やはりマルチロケーションで運営される大手事業者になるでしょうし，サービスレベルを含め，御社独自のビジネスモデルをクラウドサービス事業者とともに実現したいということであれば，御社が影響力を行使しやすい融通の聞く事業者を選ぶべきでしょう。またクラウドサービス事業者間でのデータ連携を意識するならば，クラウドサービス事業者間の親和性も検討要素になります。

CIO：なるほど，やはりビジネスモデルの設計がクラウドサービス事業者選定にも影響するということだね。ウチもデータでビジネスしたいと考えているところがあるから，どのクラウドで，どのようにデータを貯めていくかは丁寧に検討してみるよ。

コ：データ保有プロセスだけでなく，ビジネスモデルの設計の際にはデータ利活用の観点も重要な検討事項となります。御社は海外拠点が多数あることもあり，マルチナショナルにクラウドサービスを利用していると思います。保有データにもよりますが，特にプライバシーデータに関しては各国の法令だけでなく道徳観にも留意していただければと思います。先進的な企業では，

単にコンプライアンス部門として名乗るのではなく，エシック＆コンプライアンス部門として組織化されているケースもあります。

＜クラウドサービスの選び方　ポイント＞

・既存システムをクラウド上にのせ替えるだけでは効果が十分に出ない。既存アプリケーションの技術的負債の返済や，人材育成・組織変更なども勘案して，どのクラウドサービスにするのか検討する必要がある

・ビジネス部門のクラウド利用サービスを推進するためにも，クラウドサービス利用ガイドラインが必要

・上記に加えて，さまざまなクラウドサービスについて，全社横断的にナレッジを蓄積・展開することが重要であり，有効である

・クラウドサービス事業者に対して情報収集スキームを確立する必要がある

・プライバシーデータ関連規制を中心に，関連する各国の規制に対して，そのクラウドサービスがどのように対応しているのか評価する

（3）災害やサービス停止への備え

コ：そういえば，今年発生した地震災害で交通網がしばらく麻痺した際にも，御社は業務を止めることなく通常営業できたと聞きました。それは OA 環境が既に仮想デスクトップ（VDI）によってクラウド化されていたから，リモートでの業務継続が可能だったということですか？

CIO：そうだね。あの時は被害が大きくて従業員がしばらく出社できる状態じゃなかったので，従業員が自宅からいつもどおりに仕事ができる環境はなくてはならない条件だったよ。もし OA 環境をクラウド化していなかったら，通常営業は間違いなくできていなかっただろうね。従業員がもっているパソコンからそのクラウドが利用できたのも大きな要因だったね。

コ：クラウドサービスのメリットが十分に発揮された形ですね。

CIO：ただ，同時に明確になった問題もあってね。一部の従業員はパソコンを

もっておらず，タブレットやスマートフォンのみもっていたんだ。クラウド側は PC 版しか用意していないから，スマートフォンからは非常に使いづらかった。タブレットやスマートフォンの利用を前提としたアプリを開発しておけばよかったんだけど，時間がかかるので，結局は購入費用を会社から補助して，パソコンを全従業員に配布したよ。

コ：クラウドサービスは，設定のバリエーションとしてあらかじめ用意されていれば素早く対応できますが，それ以外についてはシングルテナントでない限り，他利用者への影響が出てしまうので容易に仕様変更できないですから，「対応できない」と断ってきますね。クラウドサービス採用時に，非常時も含めて，想定する業務シナリオをシミュレーションすることは必要だと思います。

CIO：他にもあって，クラウドサービス事業者のメンテナンス都合でクラウドサービスが丸 3 時間使えなくなったことがあって，クラウドサービス事業者の都合で勝手にサービスを止めるなと，ひと悶着が起きたよ。自社データセンターで，オンプレミスで動かしていた頃もメンテナンスは発生したけど，自社で実施時期をコントロールできたのでこんな問題は発生しなかったよ。

コ：利用予定期間中のクラウドサービス事業者の都合によるサービス停止や廃止について，事前に内容を確認することは必須ですね。今の話は短期間のサービス停止だと思いますが，長期間のサービス停止はまだ発生したことはないんですか？

CIO：まだないけど，実際に長期間のサービス停止が発生すると，業務が回らなくなって大混乱になるのは目にみえているから，今回の事案を糧に，クラウド停止を想定した BCP のシナリオ見直しを指示しているところなんだよ。

コ：クラウドサービスの利用が業務に根深く入ってくると，それに比例してサービスが止まることの影響も大きくなってきます。利用する側は，事前に小規模な停止や大規模な停止を想定して，それぞれに対応できるように対応を考えておくことが重要になりますね。

<災害やサービス停止への備え　ポイント>
・災害への備えとしても，クラウド化が有効な場合がある
・クラウドサービス側の仕様変更は難しい（各利用者の個別要望には応じな
　いクラウドサービス事業者がほとんど）
・クラウドサービス事業者の都合でサービス停止あるいは廃止が発生するこ
　とがある
・クラウドサービスが止まることを想定して，小規模停止および大規模停止
　のそれぞれについて，利用者側で対応策を準備する必要がある。すなわち，
　クラウドサービスを利用しているからといって BCP が不要になるわけで
　はない

（4）クラウド投資の考え方

CIO：分かってはいたけど，クラウド移行すると，システムのコスト管理の考
　　え方を変えないといけないね。オンプレミスに比べてイニシャルコストが低
　　くてランニングコストが高くなるのは理解していたんだけど，そのランニン
　　グコストを最適化し続けないといけない。とあるシステムでは，レスポンス
　　を上げるために性能拡張をしたり，災害対策用にオプションを追加したら，
　　移行当初の見込みよりもランニングコストが高くなりそうだよ。5 年も待た
　　ずにオンプレミスと比較した合計コストを上回る勢い。コストダウンを指示
　　しているよ。

コ：そのクラウドサービスは IaaS ですね。仮想サーバーやデータベースやバッ
　　クアップのマネージドサービス，その他の構成要素について，無駄のない形
　　で構成できていますか。他社で聞いた話なのですが，クラウド移行した際に，
　　5 年後に処理量が大幅拡大する前提で，最大構成で構築しました。オンプレ
　　ミスであれば，この判断はあながち間違いではないです。一方で，柔軟にス
　　ケールアップ，スケールアウトが可能なクラウドにおいては，処理量を細目
　　に分析・予測し，それに合わせて構成を最適化し続けることが，コスト管理

のベストプラクティスです。

CIO：おっしゃるとおりだね。このままでは当初想定よりもランニングコスト
　　が高くつくことが分かったので，もう少し性能を下げた構成に変更するよう
　　に，今まさに指示しているよ。オンプレミス時代は構築後にコスト事由で構
　　成を変える動きがなかったから，システム部門も戸惑っているけどね。

CIO：ところで，そもそも他のクラウドサービス事業者に乗り換えたり，オン
　　プレミスに戻すケースはあるのかな？

コ：そうですね。コスト事由で，クラウドサービス事業者を変えるケースやオ
　　ンプレミスに戻すケースも見受けられるようになりました。進んでいるとこ
　　ろでは，複数のクラウドサービス事業者のクラウドサービスを利用する「マ
　　ルチクラウド」やオンプレミスと併用する「ハイブリッド」の選択肢も含め
　　て，システム構成を検討しています。「マルチクラウド」「ハイブリッド」には，
　　コスト最適化以外にも，セキュリティや耐障害性の確保，クラウドサービス
　　事業者へのロックインを回避する意図などがあります。

コ：その際の注意点になるのですが，コストの比較だけでクラウドとオンプレ
　　ミスのどちらがよいと論じるのは早計であるという点です。単純にコスト削
　　減を目的としてオンプレミスからクラウドに移行したのであれば，コストの
　　比較をすることでクラウドへの移行効果を図れます。しかしながら，御社の
　　ように「ビジネスアジリティ」を実現するための重要な手段としてクラウド
　　を採用している場合には，いかに環境変化にスピード感をもって柔軟に対応
　　できるようになったかを効果測定の要素とすべきです。極論すれば，オンプ
　　レミスでは実現できなかったサービス開発／提供体制が実現できており，当
　　該サービスからの収益が中長期的に黒字化を見込めるのであれば，クラウド
　　移行は成功といえるのではないでしょうか。

CIO：確かにそのとおりなんだけど，会社として早期収益化は必要不可欠であ
　　り悠長なことをいっていられない事情もあるのも事実なんだが……。

コ：おっしゃるとおりですね。クラウドへの投資が正しいと判断するためには，

実現性に裏づけられたビジネスプランの存在が重要です。すなわち，既存サービスから新サービスへの移行，移行期間から移行後にかけての収益構成，システム構成，組織や人員構成まで含めてプランニングが必要となります。こういったビジネスプランからシステム構成，すなわちクラウドサービスに投資できる予算が設定され，当該予算内であれば問題ないと判断していかないと，御社が目指しているビジネスモデルの変革は実現しないことになります。

CIO：そうだね。IT コストだけみていても仕方ないね。

コ：はい，クラウド導入の目的に応じて，コストリダクションを成果とするのか，ビジネスプランの進捗を成果とするかは，使い分けなくてはなりません。

＜クラウド投資の考え方　ポイント＞
・構成や使用状況によっては，オンプレミスより合計コストが多くかかる場合がある
・クラウドサービスの柔軟性を活かした，こまめな処理量分析・予測と構成変更を行うことで，コストが最適化できる
・コスト評価にあたっては，クラウドサービス利用料金だけをみるのではなく，システムを構築・運用するにあたって必要となる間接的なコストを含めることが重要である

(5) デジタルを活用したビジネスに必要な推進体制や人材

コ：既存システムのクラウド移行は進んでいる話をしましたが，テクノロジーを活用して価値や収益を生み出す，デジタルビジネスを新規に立ち上げることを検討されていると伺っております。

CIO：まだ企画・構想段階ではあるんだけど，顧客が利用する会員サービスの Web サイトを大手のクラウドサービス事業者のサービス上で新規に構築することを考えているよ。

コ：クラウド上で新規にサービスプロダクトを立ち上げるのは初めてだったと

思いますが，何かきっかけがあったんですか？

CIO：他の事業分野で会員サービスのシステムは運用してきた経験があるけど，顧客が求めることにシステム改修が追いついて行けずに，結果的にあまり使われなくなった反省があるから，今回はリーンスタートアップで始めて，クライアントニーズに合わせてサービスを作り変えていけるようにすることを役員には指示しているよ。

コ：そのとおりですね，新規のデジタルビジネスの成功確率は 10% に満たないといわれていますから，これからの時代は素早く作って，作り変えていきながら，効果測定・評価を継続的に行うようなサービスプロダクトを作っていく場面がますます多くなっていくでしょうね。

CIO：ただ，その実現には色々と障害もあるんだよ。従来型のシステム開発方法に慣れ親しんだ IT 部門だから，作って検証してを素早く継続的に回転させるリーンやアジャイルという考えについてこられない人がまだまだ多い上，ビジネスとデジタルを融合して利用する人を中心に据えて思考するデザインシンキングができる人が少なくて，サービスをスムーズに立ち上げることができるかを心配しているんだよ。

コ：従来型のウォーターフォール形式のようなシステム開発だと，企画する人・開発する人・保守運用する人みたいに役割や担当が分かれていたりして，俊敏な対応やビジネスとの融合には問題点が多いといわれています。そのような問題点の解消に向けて，今後はサービスやプロダクトごとに一連の役割をもつチームを編成して取り組むことが主流になりつつあると思います。

CIO：チーム編成も重要だけど，立ち上げたデジタルビジネスを軌道に乗せるためには，リーダーのマインドセットも変わらないとダメだと思っている。これまでのようにシステム構造やデータ管理，開発管理のように IT だけを考えるのではなく，セキュリティやコンプライアンスをはじめ，顧客課題や市場や競合，広くいえば財務や法務に関する領域までを見通せる広い視点で物事を捉えて考えていけるようになる必要があると思っているよ。

コ：そのとおりですね，サービスプロダクトのマネージャーやリーダーは，IT
　　だけに閉じた管理ではなく，小さな会社経営者と同じように幅広い視点を
　　もってサービスプロダクトを管理するマインドセットをもつことが求められ
　　ていると思います。

CIO：IT 技術の変化に合わせて人や組織も変わっていく必要があると思うん
　　だ。それに，クラウド化によるビジネスの変化はキャリア形成のよい機会だ
　　と考えていて，クラウドの知識やスキルを習得してビジネスを軌道に乗せる
　　ことで，IT 部門のプレゼンスも向上できればよいと思うね。

コ：おっしゃるとおりですね。そのためにも今いわれたことを可視化して，実
　　践していくことが必要です。具体的には現状の評価制度が実現したい IT 戦
　　略に合っているか，また研修やキャリア形成モデルが合っているかなどの改
　　善が必要になると想定されます。

＜デジタルを活用したビジネスに必要な推進体制や人材　ポイント＞
・新しいサービスプロダクトは素早く作って，俊敏かつ継続的に改善しなが
　ら，効果測定・評価を継続的に行い，リソースを最適化することが重要
・新しいサービスプロダクトの推進体制は，一連の役割をもつチームをサー
　ビスプロダクトごとに編成して取り組むことが主流になりつつある
・サービスプロダクトのマネージャーは IT だけに閉じた管理ではなく，小
　さな会社経営者と同じ幅広い視点をもってサービスプロダクトを管理する
　マインドセットをもつことが必要
・クラウドサービスはデジタルビジネスを推進するデザインシンキングや
　リーンスタートアップの必須要素ともいえるものであるため，クラウドに
　関する知識の習得は不可欠
・カルチャー変革を促進するためにも今までの評価制度や研修，キャリア形
　成モデルについても必要に応じて見直すことが必要

3. おわりに

　以上，クラウドサービスを利活用するため経営層が理解すべきリスクとして，なぜクラウドサービスを利用するのかという目的に応じた対応が必要であるか，よくあるケースの会話を通じて紹介しました。

　また，クラウドサービス利用を成功させるためには，経営層の関与が必要であることもご理解いただけたかと思います。

　すなわち，単にコスト削減目的においてクラウドサービスを利用する際にも，BCP をはじめとして IT 部門だけでは対応できない部門横断的な対応が必要となります。さらには，クラウドサービスを利用し自社のビジネスモデルを変革していくためには，IT 部門の変革だけでなく組織や人材モデルの変革も必要となります。このような変革を成功させるには，経営層の強いコミットメントのもと，時には今まで賞賛されなかった結果に対して，賞賛するといったことが行われる必要もあるかもしれません。

　いずれにせよ，いわゆる CIO 単独の権限のみでクラウドサービス利用の成功を図ることは，結果を限定的にすることにつながります。クラウドサービスを利用することに CIO や IT 部門のみならず，全社的な対応が必要であることを，本章を通じてご理解いただき，適切な体制でクラウドサービス利用を推進していくことが望まれます。

あとがき

　企業がDXを推進し，ビジネスを持続的に成長させていくためには，デジタル時代における信頼（トラスト）の構築が求められます。一方，DX推進の中心的基盤がクラウドであることは，もはや揺るがない事実となっています。そうであるなら，デジタル時代において信頼を構築するためにはクラウド自体に対する信頼が揺るがないものでないといけません。

　しかし，揺るぎない信頼を無条件にクラウドサービスに期待することは正しいことでしょうか？

　答えは「否」です。なぜなら，本書でも述べているようにシステム障害やセキュリティインシデントを絶対起こさないクラウドサービスは存在しないと想定されるからです。残念ながら世の中に「絶対」というものは存在し難いように，クラウドサービスもその例外ではありません。

　ではクラウドサービスをどのように信頼すべきでしょうか？

　本書をお読みいただけたなら，もうお分かりですね。それはクラウドサービス利用において，さまざまなリスクを理解し，そのリスクを適切に管理できた結果として信頼すべきであるということです。

　本書で述べているさまざまなクラウドリスクを理解し，管理することは，クラウドサービスがDX推進の中心的基盤であることを踏まえると，デジタル時代における「信頼構築の第一歩」といっても過言でないと思われます。ここで，あえて「第一歩」と記載しています。その意図は，クラウドサービスは日々進化し続けており，その進化の裏返しとして，新たなクラウドリスクの発生可能性が存在しているからです。

　よって著者である私たちも，本書の発刊にとどまることなく，クラウドサービスの進化に伴う新たなリスクの発生に注視し，各種クラウドサービスがDXの中心的基盤として機能し続けるためにも，引き続きクラウドリスクの専門家として邁進していきたいと思います。

最後に，本書の作成にあたりご尽力いただいた皆さまに心からお礼を申し上げます。多大なるお時間を頂戴し，時に無理難題への対応もあったかと思われるところ，本書が無事発刊できたのは，皆さまのご尽力の賜物以外の何物でもありません。誠にありがとうございました。本来であれば，お一人ずつお名前を掲載してお礼を述べなければならないところですが，紙面の関係からご容赦いただければ幸いです。

　次版発行の際には，デジタル化が世の中をより豊かにしていると信じ，皆さまが安心してデジタル化の恩恵を受けることができるよう，本書がデジタル時代における信頼構築の一助となることを期待し，筆を擱きたいと思います。

システム・プロセス・アシュアランス部　パートナー

PwC Japan グループ Cyber Security Co-Leader

綾部　泰二

【著者紹介】

〈PwC あらた有限責任監査法人〉
システム・プロセス・アシュアランス部とは

情報システムおよび業務プロセスのリスク管理や内部統制に関わるプロフェッショナル集団。会計監査における IT を中心とした内部統制の評価や CAAT 関連の作業に携わる傍ら，業務プロセス・システム・組織・データ分析の領域において多様なアドバイザリー業務を提供している。

情報（サイバー）／セキュリティ・外部委託管理に関わるアドバイザリーが幾つかある柱の一つであり，企業側のセキュリティ・外部委託管理状況の評価・助言を行う一方で，受託企業側に対する評価・助言も多数行っている。クラウドに関する様々なサービスもこの関連で実施。

その他，リスク管理・IT ガバナンス・データ分析・内部監査の領域における評価・助言業務にも注力しており，個別のテクノロジーレベルからマネジメント・ガバナンスレベルに至るまでの幅広い視点での専門性・経験を強みとしている。また，これらサービス分野に関しては，金融・医療／製薬・製造等の各種インダストリー特有の業種知識や法制度の分野におけるプロフェッショナルを擁している。

［監修者］

岸　泰弘　保有資格：CISA, CAIS

システム・プロセス・アシュアランス部 部長 パートナー，最高情報責任者（CIO）
ISACA 東京支部元事務局長，日本セキュリティ監査協会（JASA）理事，情報処理技術者試験委員。
ロンドン大学(LSE)情報システム管理修士課程修了。システム監査および情報セキュリティ，システムリスク管理，IT ガバナンスに関するコンサルティングを多数経験。
経済産業省・総務省「クラウドサービスの安全性に関する検討会」委員。

綾部 泰二　保有資格：CISA

システム・プロセス・アシュアランス部 パートナー
大手監査法人に入所後，金融，製造業，サービス業など，業種を問わず様々なサービスを提供している。現在はサイバーセキュリティ，IT ガバナンス，システムリスク管理関連業務の責任者として多数のクライアントにサービスを提供している。特に IT ガバナンスの知見を活かしたサイバーセキュリティにおけるガバナンスを検討することを得意としている。
2019 年 7 月より PwC Japan グループのサイバーセキュリティ Co-Leader を務める。

加藤 俊直　保有資格：公認会計士，CAIS-Auditor, AU

システム・プロセス・アシュアランス部 パートナー
日本公認会計士協会 情報セキュリティ等対応専門委員長，日本セキュリティ監査協会（JASA）幹事，経済産業省・総務省「クラウドサービスの安全性に関する検討会」監査 WG 委員。
幅広い業界に対して情報セキュリティの評価構築，プロジェクト監査，内部統制の保証報告（SOC 1,2 など），外部委託先の管理スキームの策定などを多数実施。

川本 大亮　保有資格：CISA

システム・プロセス・アシュアランス部 パートナー
国内外大手企業に対してサイバーセキュリティ，クラウドセキュリティのアドバイザリー，
監査業務を多数担当。
その他，グローバル企業を中心に国内および，米国，インド，アジア諸国などでの内部統制
監査（US-SOX，J-SOX），IT 資産管理，IT ガバナンス関連サービスを多数経験。
内閣府 デジタル市場競争会議ワーキンググループ議員。

辻 信行　保有資格：CISA, CGEIT

システム・プロセス・アシュアランス部 パートナー
金融機関，航空会社などのミッションクリティカルなサービスを提供する企業を中心に，デ
ジタル戦略の立案，クラウド推進，ガバナンス構築，IT リスク管理，システムトラブル対
応の高度化などのプロジェクトに多数従事。近年では，クラウド CoE の構築，クラウドベー
スのシステム開発，クラウドセキュリティに関わる評価・支援サービスをリードしている。
また，公共サービスのリーダーとして，新規事業創出，ビジネスマッチング，経営人材の採
用，兼業・副業の推進などの社会課題関連サービスを牽引している。

宮村 和谷　保有資格：CISA, CGEIT, CRISC, データベーススペシャリスト

システム・プロセス・アシュアランス部 パートナー
経済産業省 デジタルトランスフォーメーションの加速に向けた研究会ワーキンググループ
委員，DX 推進指標検討委員，AI 社会実装アーキテクチャー検討会委員及び AI ガバナンス・
ガイドライン ワーキンググループ委員，デジタル産業創出検討会委員などを歴任。
長年にわたり，PwC Japan グループにおいて，Global risk management solutions 分野にす
るプロフェッショナルサービスを提供している。近年は，デジタルトランスフォーメーショ
ンやビジネスレジリエンスに関するプラクティスをリードしており，幅広い業種の企業に対
しアドバイザリーサービスを提供している。

平岩 久人　保有資格：CISA

システム・プロセス・アシュアランス部 パートナー
財務諸表監査に係るシステムレビューや内部統制監査に携わると共に，個人情報を取り扱う
外部委託先や情報システムに対する情報セキュリティ監査，サイバーセキュリティ管理態勢
の評価および構築支援，IT ガバナンスやシステムリスク管理態勢の評価および高度化支援
などのアドバイザリー業務に幅広く従事。
経済産業省・総務省「企業のプライバシーガバナンスモデル検討会」委員。

三澤 伴暁　保有資格：CISA

システム・プロセス・アシュアランス部 パートナー
IT およびプロセスのスペシャリストとして多数の監査業務に従事。内部統制やガバナンス
関連業務として，評価のみならず構築支援においても多数の実績がある。その他セキュリティ
領域においても，大手インフラ企業におけるサイバーセキュリティ管理態勢第三者評価をは
じめ，製造業，情報通信業などに対するクラウドセキュリティ評価，セキュリティ管理態勢
構築支援，セキュリティガバナンス構築支援など多数の経験を有している。

[執筆者] （執筆順）

米山 喜章　　保有資格：CISA, CGEIT
　　システム・プロセス・アシュアランス部 ディレクター〔第 1, 2 章〕

根岸 和也　　保有資格：CISA, CDPSE
　　システム・プロセス・アシュアランス部 シニアマネージャー〔第 1 章〕

須田 真由　　保有資格：CISA
　　システム・プロセス・アシュアランス部 マネージャー〔第 1, 2 章〕

木本 達也　　保有資格：CISA
　　システム・プロセス・アシュアランス部 マネージャー〔第 2 章〕

江原 悠介　　保有資格：CISA
　　システム・プロセス・アシュアランス部 シニアマネージャー〔第 3, 4 章〕

有村 拓朗　　保有資格：AU, ST, RISS
　　システム・プロセス・アシュアランス部 シニアマネージャー〔第 3, 4 章〕

丹羽 一晃　　保有資格：CISA, CISM, CFE, CDPSE
　　システム・プロセス・アシュアランス部 ディレクター〔第 5 章〕

廣本 隆行　　保有資格：CISA, CDPSE
　　システム・プロセス・アシュアランス部 シニアマネージャー〔第 5 章〕

佐々木 章　　保有資格：CISA, CDPSE
　　システム・プロセス・アシュアランス部 シニアマネージャー〔第 5 章〕

冨岡 研史　　保有資格：CISA
　　システム・プロセス・アシュアランス部 マネージャー〔第 5 章〕

佐藤 要太郎　保有資格：CISA
　　システム・プロセス・アシュアランス部 シニアマネージャー〔第 6, 7 章〕

小林 由昌　　保有資格：CISA, CISM
　　システム・プロセス・アシュアランス部 ディレクター〔第 6 章〕

海老原 直樹　保有資格：CISA
　　システム・プロセス・アシュアランス部 シニアマネージャー〔第 6 章〕

鈎　俊行　　保有資格：CISA, AU, RISS
　　システム・プロセス・アシュアランス部 マネージャー〔第 7 章〕

172

[その他の制作協力者] (順不同)

森田 成祐	福澤 圭太	柴野 拓磨	饒村 吉晴	米山 宏樹
柏谷 崇江	三竿 暢廣	平井　彰	山下　修	内山 幸雄
保坂 あずみ	饗場 葉子	東海林 和広	瀧日　結	得田 健人
由良 修平	野口 美佳	野田 圭佑	石原　恒	新江 由紀子
中山 洋輔	田村　洵	今野 雅史	西岡 大吾	廣田 航平
鈴木 貴大	太田 皓己	川井 歩夢	竹村 裕司	松崎 達也
松村 雪絵	真鍋 友花	石田 雄輝	丸山 玄氣	植村 桃子
大嶋 理子	木村 純弥	齋藤 智彰	副島 将行	高嶋 航己
永田 貴大	楊　婕	阿部 将也	田中 良祐	北山 晟咲
金　翰率	花畑 千華	山田 達司	矢元 浩志	村上　楓
前田　翠	中尾 圭志			

システム・プロセス・アシュアランス部員多数

CISA：公認情報システム監査人
CAIS：公認情報セキュリティ主席監査人
CRISC：公認情報システムリスク管理者
CAIS-Auditor：公認情報セキュリティ監査人
CISM：公認情報セキュリティマネージャー
CGEIT：公認IT ガバナンス専門家
CDPSE：公認データプライバシー ソリューションエンジニア
CFE：公認不正検査士
AU：システム監査技術者
ST：IT ストラテジスト
RISS：情報処理安全確保支援士

PwC Japan グループ

PwC Japan グループは，日本における PwC グローバルネットワークのメンバー
ファームおよびそれらの関連会社（PwC あらた有限責任監査法人を含む）の
総称です。各法人は独立した別法人として事業を行っています。

複雑化・多様化する企業の経営課題に対し，PwC Japan グループでは，監査お
よびアシュアランス，コンサルティング，ディールアドバイザリー，税務，そ
して法務における卓越した専門性を結集し，それらを有機的に協働させる体制
を整えています。また，公認会計士，税理士，弁護士，その他専門スタッフ約 9,400
人を擁するプロフェッショナル・サービス・ネットワークとして，クライアン
トニーズにより的確に対応したサービスの提供に努めています。

PwC は，社会における信頼を築き，重要な課題を解決することを Purpose（存
在意義）としています。私たちは，世界 155 カ国に及ぶグローバルネットワー
クに 284,000 人以上のスタッフを擁し，高品質な監査，税務，アドバイザリーサー
ビスを提供しています。詳細は www.pwc.com をご覧ください。

PwC あらた有限責任監査法人

PwC あらた有限責任監査法人は，PwC グローバルネットワークのメンバー
ファームとしてデジタル社会に信頼を築くリーディングファームとなることを
ビジョンとしています。世界で長年にわたる監査実績を持つ PwC ネットワー
クの監査手法と最新技術により世界水準の高品質な監査業務を提供するととも
に，その知見を活用した会計，内部統制，ガバナンス，サイバーセキュリティ，
規制対応，デジタル化対応，株式公開など幅広い分野に関する助言（ブローダー
アシュアランスサービス）を通じて社会の重要な課題解決を支援しています。

2016年1月25日　　初版発行
2021年9月10日　　新版発行　　　　　　　略称：クラウドリスク(新)

クラウド・リスク・マネジメント(新版)

編　者　　　©PwCあらた有限責任監査法人

発行者　　　中　島　治　久

発行所　同 文 舘 出 版 株 式 会 社
　　　　　東京都千代田区神田神保町 1-41　　〒101-0051
　　　　　営業（03）3294-1801　　編集（03）3294-1803
　　　　　振替 00100-8-42935　　http://www.dobunkan.co.jp

Printed in Japan 2021　　　　　　　　　　DTP：リンケージ
　　　　　　　　　　　　　　　　印刷・製本：三美印刷
　　　　　　　　　　　　カバーデザイン：志岐デザイン事務所
　　　　　　ISBN978-4-495-38632-0